지구, 어디까지 가 봤니? 맘껏 누비는 세계 지리 여행

지구, 어디까지 가 봤니? 방방곡곡 세계 지리 여행

지구, 어디까지 가 봤니? 방방곡곡 세계 지리 여행

방방곡곡 세계 지리 여행

지구, 어디까지 가 봤니?
방방곡곡 세계 지리 여행

2019년 9월 17일 초판 발행 | 2024년 10월 8일 7쇄 발행

지은이 김은하 | **그린이** 이로운

펴낸이 김기옥 | **펴낸곳** 봄나무 | **아동 본부장** 박재성

편집 한수정 | **편집 디자인** 블루

영업 김선주 서지운 | **제작** 김형식 | **지원** 고광현 임민진

등록 제313-2004-50호(2004년 2월 25일)

주소 121-839 서울시 마포구 양화로11길13(서교동, 강원빌딩 5층)

전화 (02)325-6694 | **팩스** (02)707-0198

이메일 info@hansmedia.com

도서주문 한즈미디어(주)

주소 121-839 서울시 마포구 양화로11길13(서교동, 강원빌딩 5층)

전화 (02)707-0337 | **팩스** (02)707-0198

ⓒ 김은하, 2019

ISBN 979-11-5613-132-8 73980

- 이 책 내용의 일부 또는 전부를 사용하려면 반드시 저작권자와 봄나무 양측의 동의를 얻어야 합니다.
- 책값은 뒤표지에 나와 있습니다.
- 이 도서의 국립중앙도서관 출판예정도서목록(CIP)은 서지정보유통지원시스템 홈페이지(http://seoji.nl.go.kr)와 국가자료종합목록 구축시스템(http://kolis-net.nl.go.kr)에서 이용하실 수 있습니다.(CIP제어번호 : CIP2019031781)

머리말

　우리가 살고 있는 지구는 다양한 지형으로 이루어져 있어요. 땅 위로 불쑥 솟아오른 산도 있고 땅을 깊이 파 내려가며 흐르는 강도 있어요. 눈길 닿는 곳이 온통 지평선뿐인 광활한 평원도 펼쳐지지요.

　그리고 산이라고 해서 다 같은 것도 아니에요. 워낙 높고 거대해서 사람이 쉽사리 다가설 수 없는 히말라야산맥 같은 곳이 있는가 하면, 아름다운 경치를 뽐내며 사람들을 불러 모으는 알프스산맥 같은 곳도 있어요. 때로는 뜨거운 용암을 뿜어내며 공포를 불러일으키는 화산도 있지요. 강도, 호수도, 바다도 모두 다채로운 크기와 모습을 하고 있습니다.

　지형뿐 아니라 기후 역시 곳곳마다 다르게 나타납니다. 기온이 높고 습기가 많아 숲이 우거진 열대 우림이 있는가 하면 비가 거의 내리지 않는 메마른 사막도 있어요.

　지형에 따라, 또 기후에 의해 자연환경은 각양각색의 모습이 되고 사람들은 그런 환경에 적응하며 다양한 모습으로 살아갑니다.

　우리는 때때로 다른 나라를 여행하며, 또 직접 가 보지 않더라도 방송이나 인터넷을 통해 세계 구석구석을 여행하며 이런 모습을 볼 수 있습니다.

　자연도 사람도 세상에는 참 다양한 모습이 있구나, 고개를 끄덕거리다 문득 드는 생각이 있어요.

　왜 그런 모습이 되었을까, 하는 것이지요. 우리나라 산은 낮고 평평한데 왜 알프스는 높고 뾰족할까요? 유럽에는 사막이 없는데 왜 아프리카에는 대륙의 $\frac{1}{3}$을 차지할 정도로 큰 사막이 있는 걸까요? 왜 싱가포르는 1년 내내 여름인데 남극 대륙은 꽁꽁 얼어붙어 있을까요? 그리고 사람들은 그 땅에 어떻게 자리 잡게 되었을까요? 사람들은 깊은 산속이나 사막 같은 곳에서도 살아갑니다. 그런 곳에서 어떻게 도시를 세우고 농사를 지을 수 있었을까요?

　이런 문제에 대해 생각하고 답을 찾으며 이 책을 쓰게 되었어요. 곳곳에서 보게 되는 특이한 지형들은 어떻게 만들어졌는지, 그 땅은 우리 생활과 어떻게 연결되어 있는지 생각해 보고 그것을 쉽게 풀어내고자 노력했답니다. 이 책을 보고 우리가 사는 땅에 대한 관심이 더욱 커지는 계기가 된다면 좋겠습니다.

　　　　　　　　　　　　　　　　　　　　　　　　　　김은하

《방방곡곡 세계 지리 여행》,  읽는 법!

1단계

여섯 장으로 읽는 세계 지리

세계 지리, 하면 떠오르는 대표 주제를 크게 여섯 개로 골랐어.
세계·기후·지형·산·강(호수)·바다로 꾸며진 각 장에는
알찬 세계 지리 이야기가 가득해!

2단계

초등 교과 연계 세계 지리 개념이 두루두루!

경선과 위선·표준시·판게아·해류와 난류 등.
초등학교 사회 교과와 이어지는 필수 개념들을
여섯 장에 나눠 실었어!

3단계

풍부한 사진과 이해하기 쉬운 그림으로 정리 끝!

세계 지리는 뭐니 뭐니 해도 풍부한 자료를 둘러보는 재미지!
책에 있는 풍부한 사진과 그림이 세계 지리 이해를
도와줄 거야.

4단계

세계 지리와 이어지는 지형 이야기

테이블 마운틴·하 롱 베이·석회암 지대·열대 우림 등.
가 보지 못했지만, 신기하고 특별한 지형 이야기에
푹 빠질걸?

5단계

세계 지리 상식, 이런 건 몰랐지?

오륜기 색의 의미는? 호수와 사막을 오가는 곳은?
빙산의 일각이란?
지금껏 몰랐던 놀라운 세계 지리 상식들을 요약해서 알려 줘.

차례

머리말 ... 4
《방방곡곡 세계 지리 여행》, 꼼꼼하게 읽는 법! ... 6

1 두루두루 둘러보는 세계

5대양 6대주는 어디인가 ... 12
북극은 바다, 남극은 대륙 ... 19

원래는 한 덩어리였던 대륙들 ... 22
갈라진 지각 위에 있는 섬, 아이슬란드 ... 27

지진이 일으키는 해일, 쓰나미 ... 29
일본에서는 왜 지진이 자주 일어날까 ... 33

입체인 지구를 평면에 그려 놓은 지도 ... 35
그린란드는 지도에서 왜 그렇게 커 보일까 ... 40

지역별로 같은 시간을 사용하는 표준시 ... 43
왜 그리니치 천문대를 기준으로 삼았을까 ... 48

2 지구의 다양한 모습을 만드는 기후

세계 곳곳의 다양한 기후와 식생 ... 52
기후 변화로 어려움에 처한 나라들 ... 57

지구의 열을 고루 섞어 주는 바람 ... 60
바람이 불지 않는 적도 무풍대 ... 64

강수량에 영향을 주는 조건들 ... 67
비가 한꺼번에 몰아서 내리는 인도 동북부 ... 70

덥고 습한 열대 우림 기후 ... 74
파괴되는 지구의 허파, 아마존 열대 우림 ... 78

거칠고 메마른 사막 기후 ... 80
점점 커지고 있는 사하라 사막 ... 84

겨울이 길고 추운 냉대, 1년 내내 추운 한대 ... 87
얼음 땅 밑에 엄청난 자원이 묻힌 알래스카 ... 91

3 독특하고 다양한 지형 둘러보기

끊임없이 바뀌는 지형 … 96
두 대륙에 똑같이 남아 있는 테이블 마운틴 … 99

흐르는 강물이 땅을 깎아서 만든 협곡 … 101
콜로라도강이 만든 그랜드 캐니언 … 103

급경사를 이루며 떨어지는 폭포 … 105
가장 크고 웅장한 이구아수 폭포 … 108

평탄하게 이어지는 넓은 땅, 평원 … 110
강물이 만든 인도 대평원, 화산이 만든 데칸고원 … 114

석회암이 물을 만나 만드는 카르스트 지형 … 116
베트남 북부와 중국 남부의 석회암 지대 … 119

빙하의 흔적이 남아 있는 지형들 … 121
피오르 지형을 잘 보여 주는 노르웨이 해안 … 126

4 높고 낮은 세계의 여러 산

산은 어떻게 만들어질까? … 130
유럽 안의 경계선 역할을 하는 알프스산맥 … 134

가장 높은 산들이 모여 있는 히말라야 … 136
히말라야 고산 지대에 적응한 셰르파족 … 140

기후가 달라지는 높은 산 … 141
절벽 위의 고대 유적지, 마추픽추 … 144

뜨거운 불을 뿜는 화산 … 147
섬과 화산의 나라, 인도네시아 … 152

5 흐르는 물과 고여 있는 물, 강과 호수

세계에서 가장 큰 강들 ... 156
이집트는 나일강의 선물 ... 159

교통로로 이용되는 강과 호수 ... 162
미국 발전에 큰 역할을 한 미시시피강과 오대호 ... 165

내륙에 갇혀 있는 물, 호수 ... 167
가장 높은 곳에 있는 티티카카호 ... 170

호수인지 바다인지 알쏭달쏭한 염호 ... 172
생명이 살 수 없는 호수, 사해 ... 176

6 지구를 덮고 있는 거대한 바다

세계의 큰 바다들 ... 180
육지로 둘러싸인 바다, 지중해 ... 182

바다가 우리 생활에 미치는 영향 ... 184
난류의 영향을 크게 받는 유럽 기후 ... 187

육지 사이를 흐르는 좁은 바다, 해협 ... 189
아시아와 유럽을 잇는 보스포루스 해협 ... 193

바다는 태풍의 고향 ... 196
태풍이 지나는 길목에 있는 필리핀 ... 199

5대양
6대주는 어디인가

 전 세계를 뜻하는 말로 5대양 6대주라는 표현이 있어. 지구가 커다란 바다 다섯 개와 대륙 여섯 개로 이루어졌다는 말이야. 6대주는 흔히 아시아·유럽·아프리카·오세아니아·북아메리카·남아메리카를 말해. 그런데 아시아와 유럽은 구분하기 좀 애매해. 다른 대륙들은 서로 떨어져 있는 게 한눈에 보이는데 아시아와 유럽은 사실 한 덩어리잖아. 심지어 유럽은 땅이 작아서 아시아의 일부라고 해도 될 것 같아. 실제로 유럽을 아시아에 딸린 반도로 보는 지리학자도 있어. 유럽과 아시아를 아울러 유라시아 대륙이라고 부르기도 해. 그런데도 왜 유럽만 별개의 대륙으로 구분하는 걸까?

 유럽을 굳이 따로 떼어서 구분하는 데에는 유럽 중심의 사고방식 때문이야. 19세기 이전까지 동아시아나 이슬람 지역이 세계의 중심이었어. 그러다 19세기 중반부터 유럽이 다른 지역을 앞서기 시작했고 자신들을 중심으로 역사를 쓰기 시작했지. 다른 대륙 사람들보다 우월한 유럽이 세계사를 이끌어 왔으니 세계 지배도 당연하다는 식으로 말이야. 그러면서 지리학에서도 자신들의 땅을 대륙으로 따로 구분했던 거야.

중동이나 극동과 같은 표현도 유럽 중심 사고에서 나온 말이야. 중동은 서남아시아 지역을, 극동은 우리나라와 일본 같은 동아시아 지역을 일컫는 말이지. 이 말들은 유럽을 기준으로 아시아가 동쪽이 된 경우라고 봐야 해.

유럽과 아시아를 나누는 경계는 러시아의 우랄산맥이야. 러시아는 유럽이기도 하고 아시아이기도 한 셈인데, 역사적으로는 유럽과 관계가 많아.

아시아는 북쪽으로 북극해에 닿고 남쪽은 적도까지 펼쳐져 있어. 대륙에서 가장 큰데, 지구 육지의 $\frac{1}{3}$ 가까이 차지할 정도야. 유럽과 북아메리카, 오스트레일리아를 합친 크기보다 넓지. 인구도 가장 많아서 세계 인구의 60% 이상이 아시아에 살아. 중국과 인도의 인구만 합쳐도 세계 인구의 $\frac{1}{3}$ 을 차지해. 서남아시아 일부 지역은 역사·종교·문화 등에서 북아프리카나 유럽의 지중해 쪽에 더 가까운 편이야.

유럽은 좁은 땅에 46개의 나라가

모여 있고 인구 밀도도 높은 편이야. 북부 유럽은 고생대에 만들어진 산맥과 빙하 지형이 넓게 자리 잡고 있어. 넓은 평야 지대인 중부 유럽은 많은 인구가 모여 살고 유럽 경제 활동의 중심지야. 남부 유럽은 신생대에 만들어진 산들이 많아서 지형이 험하고 화산과 지진 활동이 잦은 편이야.

아프리카는 아시아에 이어 두 번째로 큰 대륙이야. 유일하게 북반구와 남반구, 동반구와 서반구에 모두 걸쳐 있는 대륙이지. 북부에는 세계에서 가장 큰 사하라 사막이 펼쳐져 있고 그 아래 남부는 대체로 고원 지대야. 아프리카에서 사용되는 언어는 1,000개가 넘는다고 해. 이 가운데 100만 명 이상이 사용하는 언어가 50여 개이고 가장 많이 사용하는 언어는 스와힐리어야.

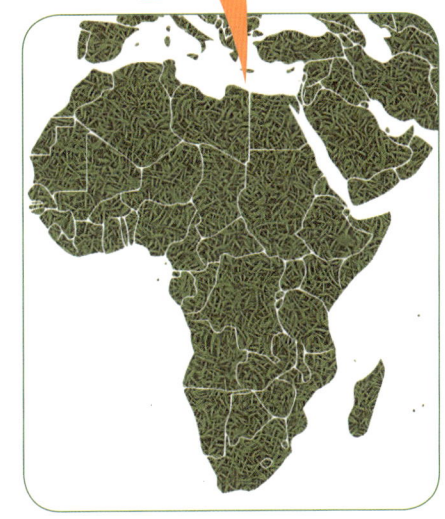

아프리카에는 직선으로 그어진 국경선이 많아. 유럽 사람들이 아프리카를 식민지로 만들면서 자신들 편한 대로 지역을 나누었기 때문이야.

북아메리카와 남아메리카는 좁은 땅으로 이어져 있는데, 파나마와 콜롬비아를 경계로 나뉘어. 캐나다 위쪽에 있는 그린란드는 지리적으로는 북아메리카에 있지만 덴마크에 속한 땅이야. 북아메리카에서 멕시코 이남에 있는 과테말라·벨리즈·온두라스·엘살바도르·니카라과·코스타리카·파나마를 중앙아메리카로 따로 구분하기도 해. 중앙아메리카에는 카리브해의 섬들까지 포함하기도 하지.

남아메리카는 자연 환경이 무척 다양해. 아마존의 열대 우림과 세계에서 가장 긴 안데스산맥이 이웃해 있고 드넓은 평야 지대인 팜파스가 펼쳐지는가 하면 메마른 사막도 만날 수 있어. 남쪽으로 내려가면 빙하도 볼 수 있고 말이야. 아메리카 대륙은 역사와 문화 차이를 기준으로 앵글로아메리카와 라틴 아메리카로 나누기도 해. 앵글로아메리카는 미국과 캐나다를 말하지. 영국계 이민자들을 중심으로 앵글로·색슨족의 유럽 문화가 들어온 곳이야. 라틴 아메리카는 스페인(에스파냐)과 포르투갈이 오랫동안 식민지로 삼아서 라틴계 유럽 문화가 들어온 곳이야.

앵글로아메리카
라틴 아메리카
중앙아메리카
북아메리카
남아메리카

가장 작은 대륙인 오스트레일리아는 19세기에 와서야 이름이 붙고 지도에도 나타났어. 오스트레일리아보다 더 큰 나라만 해도 러시아·캐나다·중국·미국·브라질 다섯 곳이나 있어. 오스트레일리아는 대륙으로 치기에는 작아 보이지만, 섬으로 보기에는 또 너무 커. 대체로 오스트레일리아를 가장 작은 대륙으로, 그린란드를 가장 큰 섬으로 구분해. 오스트레일리아 주변의 남

오스트레일리아

태평양에는 뉴질랜드를 비롯해 20,000개가 넘는 섬들이 흩어져 있는데 이 지역을 아울러서 오세아니아 대륙으로 구분해.

대륙을 구분하는 기준은 시대와 나라에 따라 달라질 수 있어. 땅의 위치·문화적 동질성·역사·정치·경제 등에 따라 바뀔 수 있지. 대륙을 어떤 기준으로 나누느냐에 따라 4대주가 될 수도 있고 7대주가 될 수도 있는 거야. 어떻게 구분하든 독립적인 대륙으로 나누어지는 곳이 바로 남극이야. 남극에는 다른 대륙처럼 머물러 사는 사람이 없어. 하지만 대륙으로 불리기에 손색없는 땅이지. 그래서 흔히 말하는 6대주에 남극을 더해서 7대주라고도 해. 또는 유럽과 아시아를 하나로 묶어 유라시아·아프리카·오세아니아·북아메리카·남아메리카·남극의 6대주로 보기도 하지.

6대주이든 7대주이든 대륙은 바다로 둘러싸여 있어. 바다끼리는 서로 통하니까 하나인 셈이지만 흔히 태평양·대서양·인도양·북극해·남극해의 5대양으로 구분해. 이 가운데 북극해와 남극해는 대양이라고 보기 애매해. 북극해는 다른 대양보다 작고 대서양의 일부처럼 보여. 남극해는 태평양·대서양·

인도양의 남쪽 바다라는 것이 더 정확한 표현 같아. 5대양 6대주라는 말은 대륙이나 바다가 정확히 몇 개이냐보다 이 세상이 큰 대륙들과 그것을 둘러싼 드넓은 바다들로 이루어졌다는 사고방식이라고 이해하면 좋을 것 같아.

올림픽기의 다섯 동그라미

올림픽기는 동그라미가 다섯 개 그려져 있어서 오륜기라고 해. 근대 올림픽을 시작한 쿠베르탱이 제안했는데 유럽은 파란색, 아시아는 노란색, 아프리카는 검은색, 아메리카는 빨간색, 오세아니아는 초록색 동그라미로 나타냈다고 해. 6대주가 아니라 5대주로 나눈 셈이야. 하지만 올림픽 위원회는 색깔과 대륙은 관련이 없고 모든 나라의 국기에 쓰이는 색깔을 한데 모았다는 입장이야.

북극은 바다, 남극은 대륙

지구 어디에서 출발하든 가장 북쪽인 곳을 북극점, 가장 남쪽인 곳을 남극점이라고 해. 각각 북위 90°와 남위 90°가 되는 지점이야. 흔히 말하는 북극은 북극점을 둘러싸고 있는 고위도 지역을 말하는데 북위 66°(도)33′(분)보다 북쪽에 있는 지역이야. 이곳에서는 하짓날 하루 내내 해가 지지 않고 동짓날에는 하루 내내 해가 뜨지 않아. 또 북극은 여름의 평균 기온이 10℃ 이하인 지역을 일컫는 말로도 쓰여. 이곳은 추워서 나무가 자라지 못하는 곳이야. 여름에는 이끼와 지의류가 자라고 이것을 먹고 사는 순록을 비롯해 북극곰·북극여우·바다사자·물범·바다코끼리·물개·흰올빼미·북극토끼 같은 동물들이 이곳에 살고 있어. 북극권에

··· 북극곰

··· 바다사자

유럽·아시아·북아메리카 등 북반구에 있는 대륙의 북부 지역이 북극권에 속해.

아시아
러시아
북극해
북극점
그린란드
유럽
태평양
북극권
대서양
북아메리카

••• 남극의 세종 과학 기지 ⓒ 극지 연구소

는 러시아 북부·알래스카·캐나다 북부·그린란드 등이 들어가. 북유럽 스칸디나비아반도의 핀란드·노르웨이·스웨덴과 아이슬란드도 북극권에 걸친 나라야.

지도를 보면 이 나라들은 서로 멀어 보이지만 북극해를 중심으로 보면 상당히 가까운 거리에 있어. 화물을 운반하는 배가 북극해를 지날 수 있다면 시간과 비용을 줄일 수 있다는 이야기야. 다만, 바다가 꽁꽁 얼어 있어서 배가 다닐 수 있는 기간이 얼마 안 된다는 문제가 있어. 북극해는 얼음이 녹는 여름에만 배가 다닐 수 있거든. 최근에는 지구 온난화로 북극해의 얼음이 녹아 사라지면서 항해할 수 있는 기간이 점점 길어지고 있다고 해.

북극에는 금·은·니켈·코발트 같은 광물 자원은 물론 석탄·석유·천연가스 등이 풍부하게 매장되어 있지. 나라마다 이 자원을 차지하기 위해 영유권을 주장하고 기업들의 개발 경쟁도 커지고 있어.

북극과 달리 남극은 아주 커다란 빙하가 덮여 있는 대륙이야. 북극도 추운 곳이지만 남극은 더 추워. 연평균 기온은 영하 23℃이고 겨울철 평균 기온은 영하 57℃ 가까이 되거든. 여름에도 평균 영하 17℃를 기록하지. 남극에서 기록된 최저 기온은 영하 89.6℃야.

남극이 북극보다 더 추운 건 대륙과 바다라는 차이 때문이야. 바다인 북극은 열에 쉽게 데워지지도 않고 쉽게 식지도 않아. 북극과 가까운 북대서양에는 따뜻한 바닷물도 흐르고 있지. 이와 달리 대륙인 남극은 쉽게 데워지고 쉽게 식는 편이야. 한번 기온이 떨어지면 쉽게 멈추지 않아. 해발 고도의 차이도 남극을 더 춥게 하는 이유야. 북극은 해발 0m이지만 남극은 평균 해발 고도가 1,980m이지. 기온은 고도가 높아질수록 낮아지거든. 게다가 눈과 얼음으로 덮여 있는 남극은 태양 빛을 반사해서 기온이 더 낮아지는 거야.

　　　남극은 전 세계 빙하의 90%가 모여 있는 곳이야. 2,000m 가까운 두께의 빙하로 덮여 있고 가장 두꺼운 곳은 4,800m에 이를 정도야. 이렇게 두껍게 얼음이 얼려면 최소 10만 년은 걸린다고 해. 지구에서 가장 춥고 가장 바람이 많이 부는 남극은 가장 건조한 곳이기도 해. 이런 가혹한 기후와 환경 때문에 사람이 살 수 없어. 식물도 자라지 못하고 커다란 포유류도 많이 없지. 바다에는 해조류나 이끼류, 플랑크톤 등이 있어서 먹이를 찾아 물고기와 새, 고래가 나타나. 남극에 사는 동물로는 펭귄이 많이 알려져 있고 바다표범, 바다코끼리 등도 있어. 북극에는 자원을 개발하려고 너도나도 뛰어들지만 남극에서는 이런 일을 할 수 없어. 1959년에 남극 조약을 맺어서 어떤 나라도 남극에 영유권을 주장하거나 군사적으로 쓸 수 없도록 했거든. 다만 과학 조사는 허용하고 있어서 세계 여러 나라의 과학 기지가 만들어지고 많은 과학자들이 연구를 위해 머물고 있어.

원래는 한 덩어리였던 대륙들

지금 지구의 땅덩어리는 여러 개로 나뉘어 있지만 원래 한 덩어리였어. 지구 위에 커다란 대륙 하나만 있었는데, 고생대 말인 3억 년 전부터 점점 갈라지고 이동해서 지금처럼 되었지. 이 최초의 대륙을 판게아라고 해. 그리스 말로 지구 전체 또는 모든 땅을 뜻해.

••• 알프레드 베게너

대륙이 움직인다는 대륙 이동설을 처음으로 주장한 사람은 독일의 기상학자 알프레드 베게너야. 베게너는 지형·지질·고생물 화석·기후 등 여러 분야에서 대륙이 이동했다는 증거들을 찾아냈어.

베게너는 대서양을 가운데 두고 멀리 떨어져 있는 아프리카 대륙의 서쪽 해안선과 남아메리카 대륙의 동쪽 해안선이 거의 일치하는 것을 보고 대륙

··· 아프리카 대륙과 남아메리카 대륙의 해안선 일치

··· 두 대륙에 똑같이 나타나는 지질 구조

··· 여러 대륙에서 발견되는 고생물의 흔적

이동설을 떠올렸다고 해.

　멀리 떨어져 있는 두 대륙에서 같은 지질 구조가 나타나는 것도 대륙 이동의 증거로 보았어. 브라질과 아프리카에서 같은 암석이 발견되는가 하면, 미국 동부 해안의 애팔래치아산맥과 북유럽의 칼레도니아산맥이 하나처럼 이어졌거든. 같은 종의 고생대 화석이 서로 다른 대륙에서 발견되는 것도 대륙 이동의 증거로 보았어. 동물이든 식물이든 대양을 건너 이동할 수 없거든. 그래서 같은 생물의 화석이 발견된 대륙들은 원래 하나의 대륙이었다고 생각한 거야.

　또, 현재 열대나 온대

••• 지질 시대 빙하의 흔적

에 속하는 지역에서 과거 지질 시대에 있었던 빙하의 흔적이 발견되었는데 그 분포 지역과 이동 방향이 일치하는 것도 대륙 이동의 증거로 보았지.

베게너는 여러 증거를 들어 대륙들이 원래 하나였다가 갈라졌다고 주장했지만 커다란 대륙이 어떻게 움직일 수 있었는지 설명하지 못했어. 결국 그가 살아 있는 동안 대륙 이동설은 인정받지 못했지.

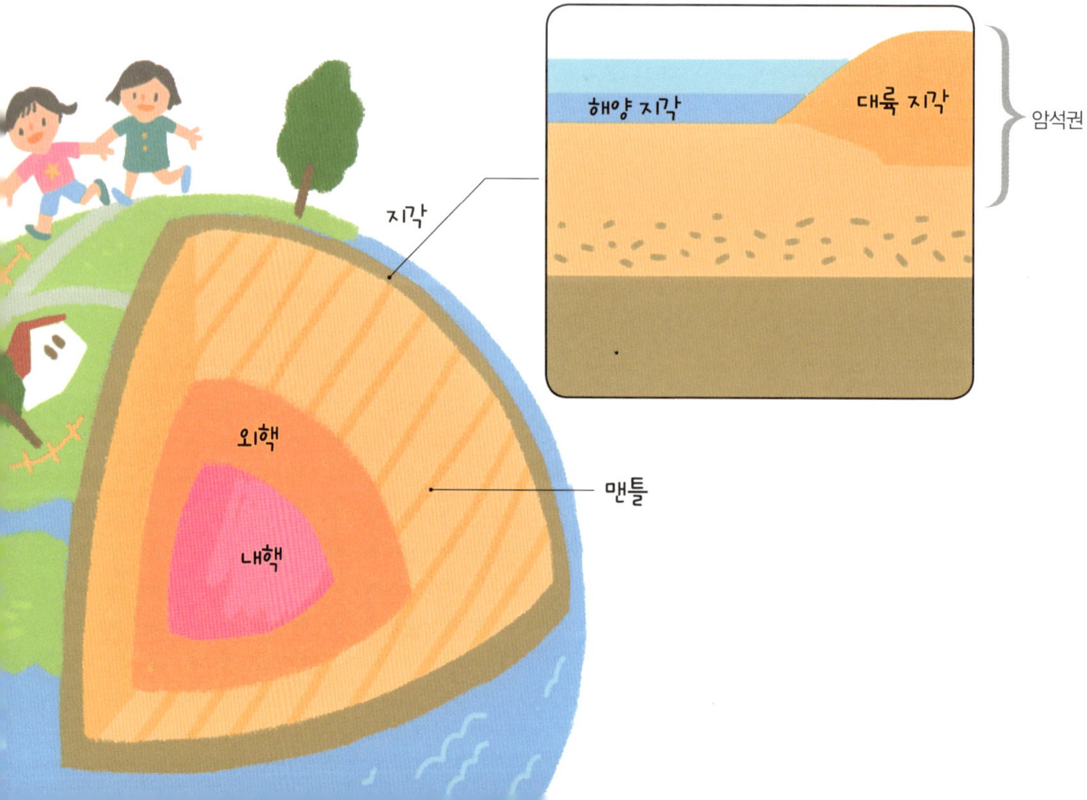

이후 과학이 발달하고 지구의 내부 구조는 물론 해양 지각의 구조까지 알아내면서 대륙 이동설을 과학적으로 증명할 수 있게 되었어.

대륙이 어떻게 이동하는지 이해하려면 먼저 지구의 구조를 알아야 해. 지구는 중심에 핵이 있고 그 위에 맨틀, 그 바깥쪽에 지각이 있어. 지구의 가장 바깥쪽 껍질인 지각은 흙과 암석으로 이루어져 있어. 우리가 걷는 땅은 물론, 바다 밑의 땅도 지각이야. 지각 바로 아래부터 약 2,900km 깊이까지인 맨틀은 지구의 대부분을 차지해. 지구 표면에서 지각과 상부 맨틀의 일부까지를 암석권이라고 하는데 지각 바로 아래부터 약 100km 깊이까지야. 지구에서 가장 뜨거운 핵은 태양 표면만큼 뜨거워.

깊은 땅속은 온도도 높고 압력도 높아. 그래서 고체인 맨틀 일부가 액체 상태가 돼. 지구 중심에서 뜨겁게 달구어진 맨틀은 솟아올랐다가 차차 식으면서 가라앉고 다시 뜨거워지는 일을 반복해. 이 과정에서 맨틀이 움직이면 그 위에 있는 암석권이 함께 움직이고 지각의 약한 부분이 갈라질 수밖에 없어. 이렇게 갈라진 조각을 판이라고 해. 암석판 또는 지각판이라고도 하지.

판 위에는 대륙이 있기도 하고 바다만 있기도 해. 규모가 큰 판은 지름이 수천 km씩 되는데 북아메리카판은 태평양 해안에서 대서양 한복판까지 9,654km를 뻗어 있어. 이 판들이 움직이면서 하나였던 대륙이 여러 개로 갈라지고 위치도 바뀐 거야.

지각판들이 움직이다 보면 서로 부딪치기도 하고 미끄러지거나 밀어내기도 해. 이 때문에 땅이 흔들리는 지진이 일어나고 지표가 갈라진 틈으로 마그마가 쏟아져 나오는 화산 폭발이 일어나지.

지각판들은 지금도 조금씩 이동하고 있어. 1년에 2~6㎝ 정도로 천천히 움직이니 느낄 수 없을 뿐이지. 오스트레일리아는 북쪽으로 움직이고 있어서 언젠가 아시아와 부딪칠 거라고 해. 대서양이 넓어지면서 북아메리카는 유럽과 아프리카에서 더 멀어지고 있어.

••• 대륙의 이동 단계

갈라진 지각 위에 있는 섬, 아이슬란드

　북유럽의 아이슬란드는 북위 63~66° 고위도에 있는 섬나라야. 땅의 $\frac{1}{8}$ 을 빙하가 덮고 있고 연평균 기온도 낮은 편이야. 이곳은 약 8세기까지 사람들이 살지 않다가 9세기 초부터 옮겨와 살았대. 섬에 처음 도착한 노르웨이 사람들이 온통 얼음밖에 없는 것을 보고 아이슬란드라는 이름을 붙였다고 해. 이름에서부터 차가운 느낌을 물씬 풍기는 이 땅이 사실 세계에서 화산 활동이 가장 활발한 지역 가운데 하나야. 10년에 두 번꼴로 큰 화산 활동이 일어나서 지도가 바뀐다고 할 정도거든.

　아이슬란드에 지진과 화산 활동이 잦은 까닭은 섬의 특이한 위치 때문이야. 아이슬란드는 대서양의 중앙 해령 일부가 바다 위로 드러난 섬이거든. 중앙 해령은 대서양을 동서로 가르며 북극해에서 아프리카 남쪽 맨 끝까지 꾸불꾸불 이어져 있어. 해령의 길이는 약 16,000 km로, 육지에서 가장 긴 안데스산맥의 두 배가 넘고 폭은 480~970km 정도야.

해령은 판과 판의 경계에 만들어져. 맞닿아 있던 두 판이 서로 멀어지면 빈 곳을 채우려고 맨틀이 솟아 마그마로 뿜어져 나와. 이 마그마가 굳어 암석이 되는데 판의 경계를 따라 길게 늘어서니까 산맥처럼 돼. 그리고 그중 일부가 높이 솟아 바다 위로 드러나 섬이 되기도 해. 아이슬란드는 이렇게 만들어진 섬이야. 해령을 경계로 두 판이 점점 멀어지고 그 사이로는 계속 마그마가 뿜어져 나온다고 했지? 아이슬란드는 이 해령 위에 있어서 지진과 화산이 잦을 수밖에 없어.

아이슬란드에서는 북아메리카판과 유라시아판이 만나는 경계를 직접 확인할 수 있어. 수도 레이캬비크 교외에 있는 갸우 협곡이 바로 그곳이야. 깊이가 10m 정도인 좁은 이 협곡을 경계로 두 판이 서로 반대 방향으로 멀어지고 있는 거지. 해마다 1㎝ 정도씩 멀어지니 협곡도 그만큼 넓어지겠지? 결국 아이슬란드는 1년에 1㎝씩 국토가 넓어지는 셈이야.

화산이 많은 아이슬란드에는 온천이 발달했고 지열도 풍부해. 이곳에서는 이 온천과 지열로 난방도 하고 전기도 만들어. 이 에너지는 비용이 저렴하고 환경 오염도 없어. 자연이 제공해 주는 온천의 온수는 농사에도 쓰이고 있어.

아이슬란드는 원래 농사짓기에 불리한 나라야. 한여름에는 드넓은 초원이 펼쳐지기도 하지만 대개는 우리나라의 늦가을 같은 날씨가 계속돼. 내륙에는 화산이 많은 데다 빙하까지 덮여 있고 날씨도 추워서 남서부 해안가에서만 일부 농사를 지을 수 있었지. 그런데 20세기에 들어서면서 온천물로 온실 농사를 지은 거야. 최근에는 온난화의 영향으로 온실 없이도 작물을 키울 수 있다고 해.

지진이 일으키는 해일, 쓰나미

지구 위의 지각판들이 해마다 수 ㎝씩 이동하면서 다양한 지각 활동이 일어나. 땅이 흔들리며 큰 피해를 일으키는 지진도 지각 활동 가운데 하나야. 판끼리 서로 부딪치거나 멀어지거나 미끄러질 때 생기는 힘으로 땅속의 커다란 암석이 부서지고 그 충격이 지표에 전달되면서 땅이 흔들리는 거야. 그야말로 판의 움직임을 온몸으로 느끼는 거지.

처음 충격이 생기는 곳, 즉 지진이 일어난 지역을 진원이라고 해. 진원은 위도와 경도, 지표에서부터의 깊이로 표시해. 진원은 대개 지하 50~60㎞ 부근에 있어. 진원 바로 위에 있는 지점은 진앙이라고 해. 충격이 바로 전해져 지진 피해가 가장 큰 지역이야. 지진 규모가 클수록 진앙의 범위가 넓어.

지진은 인위적으로 생기기도 해. 원유나 지나친 지하수 개발, 대규모 댐 건설 등으로 땅이 무너지면서 생기는 거야. 지진은 전 세계에서 매년 수백만 건씩 일어나. 하루도 거르지 않고 지진이 일어나지만 대부분 모르고 지나가

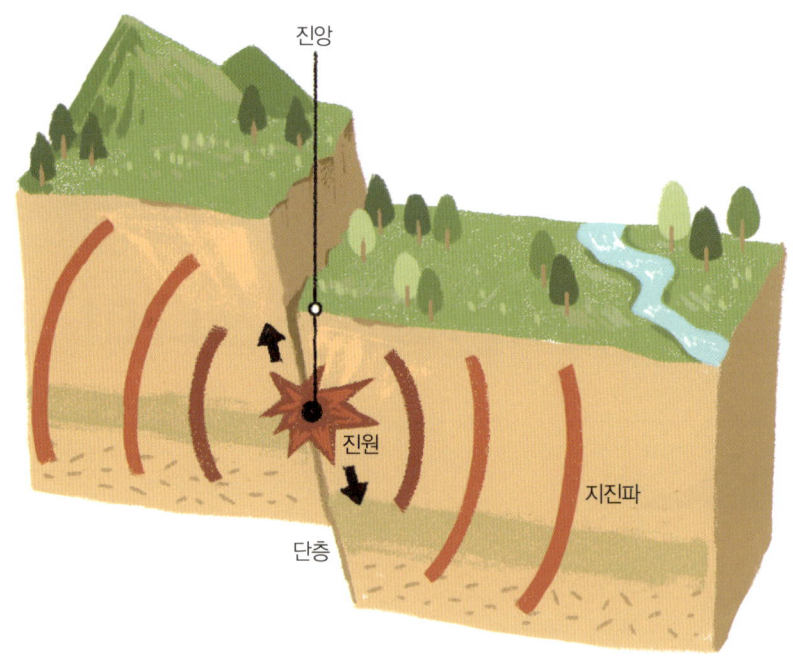

지. 건물에 피해를 줄 수 있는 규모 5.0 이상의 지진은 연 100회 정도 생기는데 이 가운데 3~4회 정도는 큰 재앙을 일으켜. 지진 때문에 무너진 건물이나 도로를 보면 꼭 폭격을 맞은 것 같아. 규모가 큰 지진은 핵폭탄보다 커다란 위력을 발휘해.

　지진 피해는 땅의 흔들림보다 2차 피해가 더 많아. 영화에서처럼 땅이 쩍쩍 갈라지며 사람과 건물을 집어 삼키는 광경은 실제로 일어나지 않지. 큰 피해는 대부분 건물이 무너지는 사고 때문에 생겨. 지진으로 생긴 화재 때문에 눈사태나 산사태가 일어나면서 피해가 커지기도 해.

　바다에서 지진이 일어나면 쓰나미가 큰 피해를 일으켜. 쓰나미는 지진 때문에 생기는 해일을 일컫는 말이야. 바닷속에서 지진이 일어나 지각이 끊어지면 바닷물 높이가 갑자기 달라져. 그러면 바다는 다시 수평을 이루려고 출렁

지진의 크기

지진 크기를 나타내는 단위로는 규모와 진도가 있어. 규모는 지진 자체의 크기를 나타내는 절댓값으로 진원에서 나온 지진 에너지의 양을 나타내. 이 개념을 처음 도입한 미국의 지질학자 찰스 리히터의 이름을 따서 리히터 규모라고 해. 규모가 1.0 증가할 때마다 에너지는 약 32배씩 늘어나. 이를테면 강도 3의 지진은 강도 2의 지진보다 32배 이상 강력하고 강도 1의 지진보다는 1,024배 이상 강력하지. 진도는 특정 장소에서 느끼는 흔들림의 세기야. 같은 규모의 지진이라도 관측하는 위치나 사람, 구조물에 미치는 영향 등에 따라 달라질 수 있는 상대적인 값이야. 규모가 지진 자체의 힘을 파악했다면 진도는 사람의 느낌과 피해 상황에 초점을 맞추었지.

리히터 규모	피해 정도
0~1.9	지진계에서만 탐지할 수 있다. 사람들은 진동을 느끼지 못한다.
2~2.9	사람들이 진동을 느끼며 창문이나 전등처럼 매달린 물체가 흔들린다.
3~3.9	커다란 트럭이 지나갈 때 진동과 비슷하다. 사람들 일부가 건물 밖으로 나온다.
4~4.9	집이 크게 흔들린다. 창문 등이 부서지고 작고 불안정한 물체가 떨어진다.
5~5.9	서 있기가 힘들고 기구들이 움직이며 벽에 있는 물건들이 떨어진다.
6~6.9	제대로 지어진 건물도 피해가 생긴다. 약한 건물들은 피해가 크다.
7~7.9	땅에 균열이 생기며 건물 기초가 부서진다. 돌담이나 축대가 부서진다.
8~8.9	다리와 같은 커다란 구조물이 부서진다. 산사태도 일어날 수 있다.
9 이상	건물들이 모두 부서진다. 철로가 휘고 땅에 단층 현상이 생긴다.

이기 시작하지. 넓고 깊은 바다에서는 이런 출렁임이 별로 문제 되지 않아. 1~2m 정도로 높지 않은 파도가 일 뿐이야. 출렁거리는 물은 무척 빠른 속도로 이동하는데 육지 가까이에서 수심이 얕아지면 많은 바닷물이 갈 곳을 잃고 위로 솟구치고 말아. 결국 바닷물은 엄청난 해일로 바뀌어서 육지를 덮치며 모든 것을 휩쓸어 버리지.

2004년 12월, 인도네시아에서 일어난 쓰나미는 엄청난 힘을 생생하게 보여 주었어. 인도-오스트레일리아판과 유라시아판이 충돌해 바다 밑에서 규모 9.1의 지진이 일어나며 쓰나미가 생겼어. 이 쓰나미는 인도네시아 근처는 물론이고 지진 발생 지점에서 약 5,700㎞ 정도 떨어진 아프리카 소말리아에까지 들이닥쳤어. 약 20만여 명이 죽은 이 쓰나미는 역사상 최악의 쓰나미로 기억되고 있어.

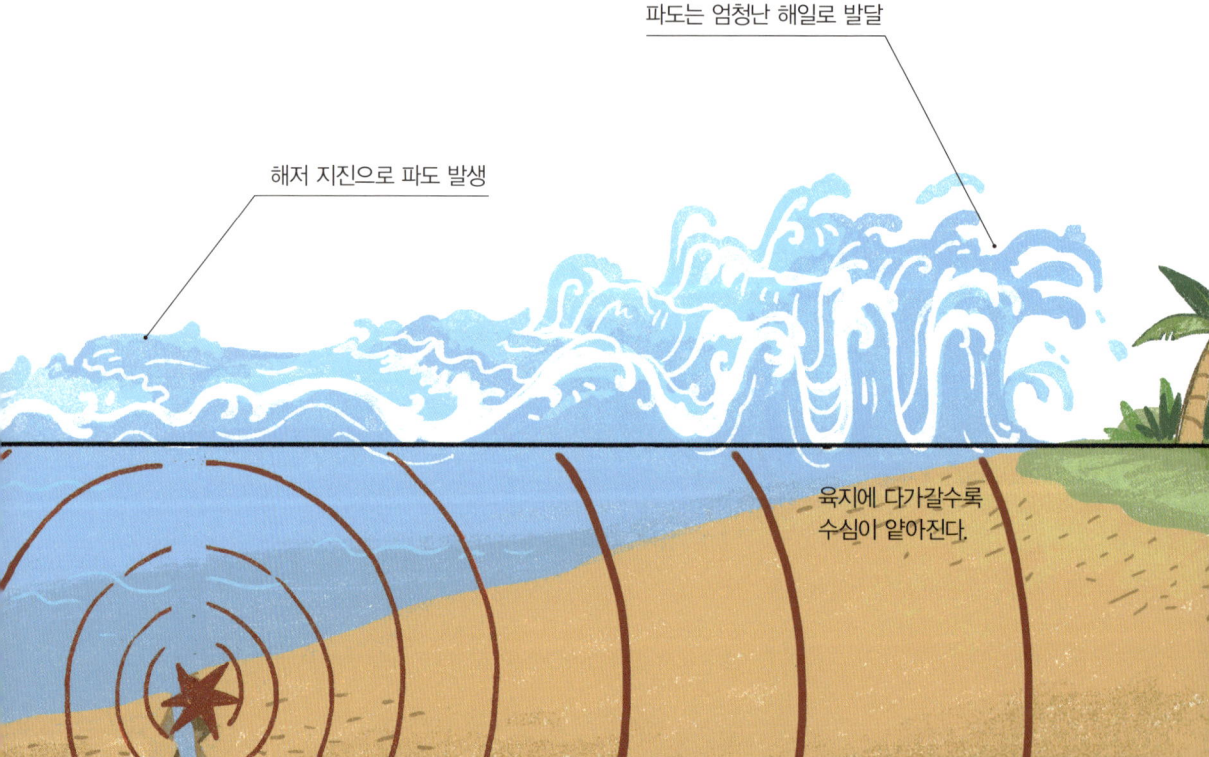

파도는 엄청난 해일로 발달

해저 지진으로 파도 발생

육지에 다가갈수록 수심이 얕아진다.

일본에서는 왜 지진이 자주 일어날까

　우리나라와 이웃한 일본은 화산 폭발과 지진 소식이 자주 들리는 나라 가운데 하나야. 때로는 일본에서 일어난 지진 때문에 우리나라에서까지 종종 흔들림이 느껴지기도 해. 일본은 유라시아판·북아메리카판·태평양판·필리핀판, 네 개의 지각판이 만나는 지점에 걸쳐 있어. 어쩌다 이런 위치에 있을까 싶지만, 사실은 이런 위치라서 일본이 생겨났다고 봐야 해. 일본은 원래 유라시아 대륙의 일부로 한반도 옆에 붙어 있었어. 중생대 백악기에 유라시아판과 태평양판이 부딪치며 생긴 충격으로 대륙에서 떨어져 나갔지. 그 사이로 바닷물이 밀려 들어온 게 동해야.

일본처럼 판의 경계에 위치해 지진이 잦은 지역을 표시하면 좁고 길게 늘어선 모양이 돼. 그래서 띠를 뜻하는 대를 붙여 이런 지역을 지진대라고 해. 화산 활동이 활발한 곳은 화산대, 조산 활동이 벌어졌던 곳은 조산대라고 하지. 조산 활동은 나중에 자세히 알아보려고 해. 지진대와 화산대, 조산대는 모두 판의 경계선을 따라 늘어서 있기 때문에 대부분 겹치고 있어.

지구에서 지진이 가장 많이 일어나는 곳은 환태평양 지진대야. 태평양을 둘러쌌다고 해서 글자 환을 붙였어. 태평양을 얹은 판들이 대륙을 얹은 주변의 판들과 만나는 경계를 서로 이은 것으로 그 길이가 40,000km에 이르지. 전 세계 지진의 80% 정도가 환태평양 지진대에서 일어나고 화산 활동도 활발해서 이곳을 불의 고리라고 해. 2004년에 최악의 쓰나미를 겪었던 인도네시아도 이 지진대에 속해 있어. 환태평양 지진대만큼은 아니어도 알프스-히말라야 지진대에서도 지진이 많이 일어나. 대서양 중앙 해령에도 지진대가 있는데, 지진이 주로 깊은 바다 속에서 일어나고 규모가 작아서 사람들에게 미치는 영향은 별로 없어.

일본은 워낙 지진이 잦으니까 잘 대비하고 있어. 건물을 지을 때 지진을 잘 견딜 수 있는 설계가 필수라고 해. 건물을 버티는 구조물에 충격을 받아들이는 장치를 달아 땅이 흔들려도 무너지지 않게 하지. 공동 주택에는 반드시 대피에 필요한 장치를 설치하고 사용법을 평소에 잘 익혀 둬. 그리고 지진에 대비해서 자주 훈련을 하고 있어. 하지만 이렇게 대비해도 아주 강한 지진이 일어나면 크게 피해를 입곤 하는데 2011년 3월에 일어난 동일본 대지진은 특히 크나큰 상처를 남겼어. 북아메리카판과 태평양판 경계에서 생긴 해저 지진이었는데 일본 관측 사상 최대인 9.0 규모를 기록했어. 이 지진은 1960년의 규모 9.5의 칠레 대지진, 1964년의 규모 9.2의 알래스카 지진, 2004년의 규모 9.1의 인도네시아 지진에 이어 네 번째로 강력한 지진으로 기록되었어. 일본 전체가 흔들릴 정도로 큰 지진이었고 이후 생긴 여진으로 많은 생명이 희생되었어. 지진의 영향으로 생긴 10m가 넘는 초대형 쓰나미가 덮친 탓에 피해는 더욱 커졌어. 사망자와 실종자가 20,000여 명에, 피난 주민이 33만여 명이나 된 사건이었어. 쓰나미가 후쿠시마 원자력 발전소를 덮치면서 방사능이 새어 나오는 끔찍한 일도 벌어졌어. 바다로 흘러든 방사능 물질은 해류를 타고 전 세계에 영향을 줄 수 있어서 일본뿐 아니라 세계인들에게 큰 충격을 주었어.

입체인 지구를
평면에 그려 놓은 지도

지도는 어떤 지역의 땅 모양을 알고 싶을 때, 또는 그곳까지 가는 길을 찾을 때 필요해. 지금은 스마트폰으로 쉽게 검색하고 길을 찾을 때는 내비게이션을 이용해. 작은 마을이든 전 세계이든 지도 한 장으로 그 모습을 볼 수도 있지. 그런데 지도는 둥근 공 모양인 지구를 평면에 옮겨 그린 거야. 그래서 지도를 그리다 보면 사실과 다른 점이 생길 수밖에 없어. 그 차이를 줄이려고 여러 방법이 나왔지. 입체인 지구를 평면 위에 나타내는 여러 방법을 도법 또는 지도 투영법이라고 해.

투영법이란 물체의 형태·크기·위치 등을 일정한 법칙에 따라 평면에 그리는 방법이야. 지구가 투명한 공이고 그 위에 땅들이 있다고 생각해 봐. 지구 위에 종이를 감싼 뒤 공 안에서 불을 켜면 땅 모양이 종이 위에 그림자로 비칠 거야. 이 그림자를 따라서 땅 모양을 그린 뒤 종이를 펼쳐 봐.

지구 위에 종이를 어떤 방식으로 감싸느냐에 따라 원통 도법·원뿔 도법·

경선과 위선, 경도와 위도

지도에는 경선과 위선이 그어져 있어. 물론 지구에 진짜 선이 그어져 있지는 않고 각 지점의 위치를 일정한 값으로 표시하려고 가상으로 그은 거야. 경선과 위선이 각 기준선에서 얼마나 떨어져 있는지를 경도와 위도로 나타내. 경선은 둥근 지구를 세로로 빙 둘러 선을 그어서 360°야. 영국 런던의 그리니치를 지나는 경선을 기준선으로 삼아 동쪽으로 동경 180°까지, 서쪽으로 서경 180°까지 표시해. 위선은 가로로 둥근 지구 위아래에 선을 그어서 180°야. 적도를 기준 삼아 북쪽으로 북위 90°까지, 남쪽으로 남위 90°까지 표시하지. 각 끝점이 북극과 남극이야. 어떤 지점의 위치를 나타낼 때는 동경 127°, 북위 38°처럼 표시해.

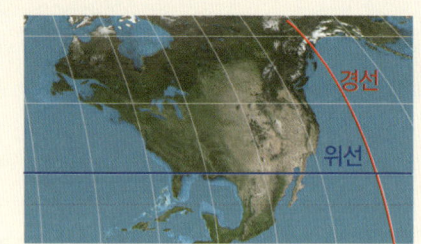

평면 도법 등으로 불러.

원통 도법은 종이를 적도에 닿도록 원통으로 감싼 뒤 그리는 방법이야. 이 도법은 세계 지도를 직사각형으로 그릴 수 있고 방위각이 정확해. 경선과 위선이 만나는 각도가 실제 지구에서처럼 90°가 되어 직선으로 반듯하게 표시되지. 하지만 극지방으로 갈수록 넓이가 실제보다 크게 표현되는 문제가 있어.

원뿔 도법은 원뿔 모양처럼 만 종이로 지구를 감싼 뒤 그리는 방법이야. 중위도 지역을 보여 주는 지도에 주로 쓰고 적도 지역을 표현하는 데는 맞지 않아.

평면 도법은 종이를 지구 표면 위의 한 점과 만나게 한 뒤 그리는 도법이야. 지구의 반구 부분만 나타낼 수 있어서 극지방을 나타낼 때 사용해.

어떤 투영법이든 각도·면적·모양·방위 등 모든 정보를 정확히 나타내지 못해. 필요한 부분을 정확히 표현하다 보면 다른 부분은 실제와 달라질 수밖에 없지.

우리가 흔히 보는 세계 지도는 원통 투영법의 일종인 메르카토르 도법으로 그렸어. 지구에서 경선의 간격은 극지방으로 올라갈수록 좁아지는데 이 간격을 일정하게 해 경선과 위선이 수직으로 만나도록 했어. 두 지점 사이 정확한 각도에 초점을 맞춘 방법이야. 이 방법은 목적지에 가려면 어떤 방향으로 항해해야 하는지 쉽게 알 수 있어서 새로운 대륙을 찾아 나섰던 유럽 사람들이 많이 이용했지. 이후 항해 외에 여러 목적으로 쓰이면서 대표적인 세계 지도가 되었어. 하지만 메르카토르 도법은 문제가 있어. 이 도법에서는 각도를 맞추려고 극지방의 경선 간격을 적도 부근과 같은 간격으로 벌려. 극지방으로 갈수록 실제 거리보다 멀게 표현되면서 그만큼 넓이도 크게 표현되는 거야. 이를테면 북극 가까이에 있는 그린란드가 남아메리카보다 커 보이지만 실제로는 $\frac{1}{8}$ 크기밖에 안 돼. 유럽 역시 실제 크기는 인도와 비슷하지만 메르카토르 도법에서는 유럽의 일부인 스칸디나비아반도와 인도가 비슷한 크기로 표현돼. 이런 단점을 보완하려고 실제 면적과 같은 비율로 땅을 그리는 도법들이 나왔지만 저마다 단점은 있어. 어떤 도법은 저위도 지역이 정확히 표현되는 대신 고위도로 갈수록 부정확해. 어떤 도법은 고위도 지역이 잘 표현되는 대신 적도 부근이 부정확해. 또 어떤 도법은 대륙을 정확히 나타냈지만 바다를 잘라서 표현해야만 했지. 어떤 지도든 모양·거리·면적·방위 등에서 실제

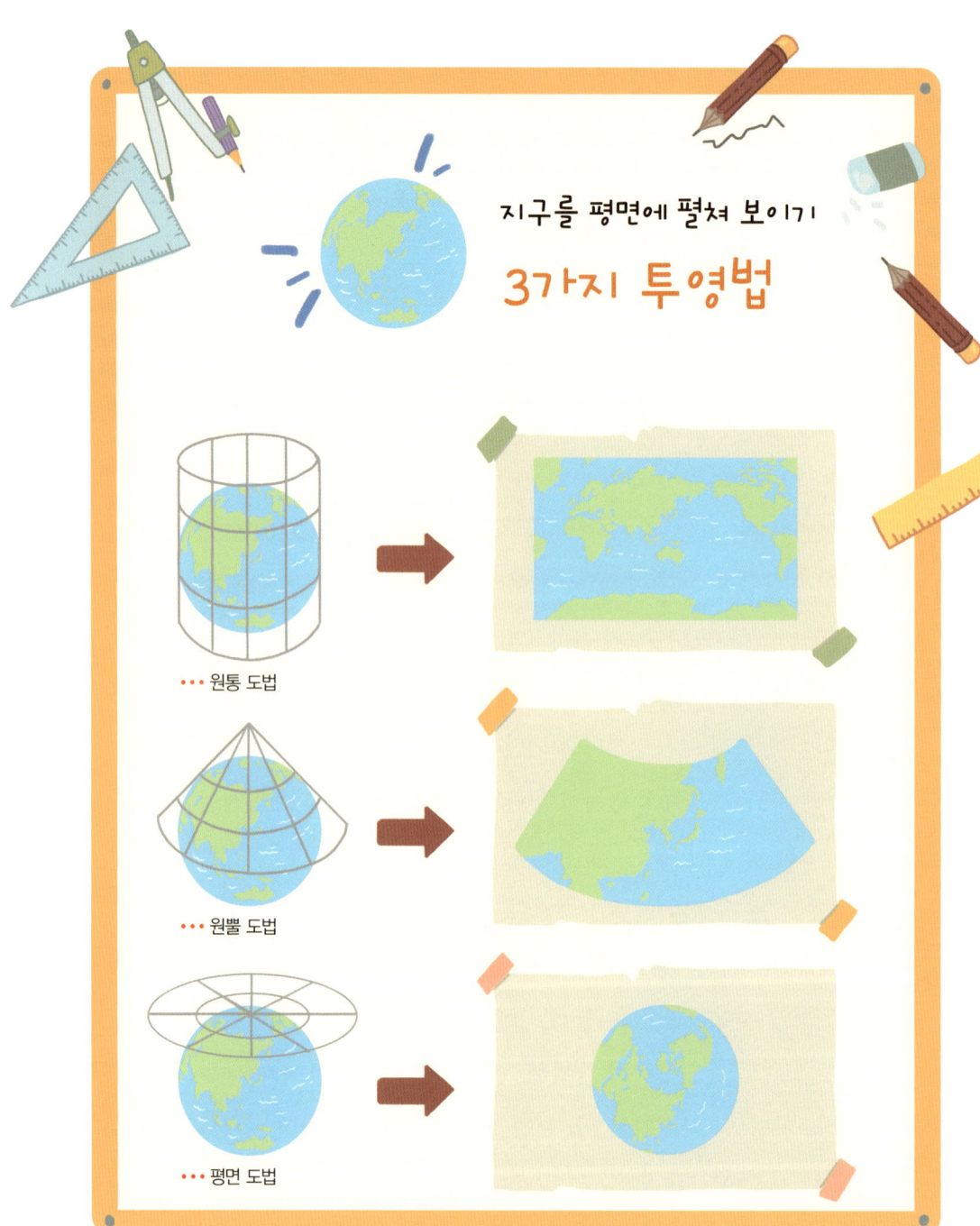

••• ⓒ스트레베: A 지점(출발점)의 경선과 A와 B(도착점)의 연결선이 이루는 각도를 알면 방향을 잃지 않고 항해할 수 있다.

와 차이가 생길 수밖에 없어서 "지도는 거짓말하고 있다."라는 말도 있어. 필요한 정보를 얻으려면 어쩔 수 없이 다른 내용을 무시해야 하지. 따라서 어떤 목적으로 지도를 사용할지, 어떤 정보를 중요하게 볼지에 따라 맞는 지도를 사용하면 되는 거야.

••• 저위도 지역을 정확히 표현한
시뉴소이드 도법

••• 고위도 지역을 잘 표현한
몰바이데 도법

••• 대륙을 정확히 나타내는 대신 바다를 잘라서 표현한
구드 도법

1. 두루두루 둘러보는 세계 39

그린란드는 지도에서 왜 그렇게 커 보일까

세계 지도에서 북아메리카 위쪽, 북극과 가까운 곳에 아주 큰 섬이 보여. 세계에서 가장 큰 섬인 그린란드야. 캐나다 가까이에 있지만 덴마크에 속하는 섬이지. 한눈에 봐도 정말 큰 섬인데 이상한 점은 대륙인 오스트레일리아보다 커 보인다는 거야. 심지어 아프리카 대륙이랑 크기가 비슷해 보여. 이런 게 바로 지도가 하는 거짓말 중 하나야.

그린란드는 면적이 2,166,086㎢로 우리나라의 열 배쯤이고 섬이 속해 있는 덴마크보다는 50배 가까이 돼. 웬만한 나라들보다 큰 섬인 거야. 하지만 지도에서 보듯이 오스트레일리아나 아프리카 대륙과 견줄 만한 넓이는 아니야. 실제로는 오스트레일리아의 $\frac{1}{3}$ 크기가 안 되고 아프리카 대륙의 알제리나 콩고 민주 공화국보다도 작아. 아프리카 대륙의 $\frac{1}{14}$ 크기에 불과하지.

그린란드가 실제보다 커 보이는 까닭은 투영법에 따른 왜곡 때문이야. 우리가 흔히 보는 세계 지도는 극지방으로 갈수록 크게 표현되는 메르카토르 도법으로 그렸거든.

그린란드는 이름만 보면 풀과 나무가 우거진 곳 같지만 몹시 추운 곳이야. 섬의 최북단이 북위 83°38′에 위치하고 섬의 $\frac{5}{6}$ 가 북극권에 포함돼. 그린란드는 80% 이상이 얼음으로 덮여 있어. 내륙의 경우 연평균 기온이 영하 30℃이고 한여름에도 0℃ 이상이 되지 않는 빙설 기후가 나타나. 해안 지대는 북대서양 난류의 영향으로 내륙보다 덜 춥고 여름에는 잠깐 풀과 꽃이 자라기도 하지. 여름이라고 해서 다른 나라의 여름처럼 덥지 않고 두꺼운 스웨터를 입는 정도라고 해.

기후가 이러니 농사를 지을 수 없어서 주민들

은 대부분 어업에 종사해. 그린란드 앞바다에는 풍부한 어장이 형성되어 있지. 주민은 원주민인 이누이트, 유럽 사람과 이누이트의 혼혈이 90% 가까이 돼. 인구 밀도가 ㎢당 0.026명인데, 서울시만 한 땅에 열여섯 명이 사는 정도야.

이렇게 추운 곳에 왜 그린이라는 이름이 붙었을까?

••• 이누이트족

10세기에 아이슬란드에서 범죄를 저지르고 도망치던 붉은 머리 에리크라는 사람이 이 섬을 발견했어. 에리크가 도착한 곳은 풀과 나무가 무성했다고 해. 에리크는 이 섬에 사람들을 불러들이기 위해 푸른 땅(그린란드)이라고 선선했지. 섬에 온 사람들은 일부 지역만 빼고는 대부분 얼음으로 덮인 땅을 보고 되돌아갔지만 일부는 남아서 농사와 목축을 하고 사냥도 하며 살았어.

9세기에서 14세기 사이에 그린란드의 기후가 지금보다 따뜻했던 적이 있어. 덕분에 극히 일부이기는 해도 농사지을 수 있었고 양과 소를 기를 만큼 풀밭도 넉넉해졌지. 이때에는 바다도 많이 녹아서 1200년쯤 북아메리카의 이누이트족이 그린란드로 건너오기도 했어. 14세기에 기후가 바뀌면서 다시 추워지고 빙하도 넓어졌어. 농사와 목축이 어려워지면서 인구가 줄어들었지. 설상가상으로 전염병까지 퍼져서 많은 사람이 죽고 말았어. 그린란드를 개척했던 사람들이 하나둘 떠나면서 15세기에는 완전히 자취를 감추었어. 이누이트족은 끝까지 남아서 추운 환경에 적응하며 살아갔지.

그린란드는 18세기 이후 덴마크의 지배를 받다 1979년에 자치권을 얻었어. 2008년에는

경제와 사법에서 독립해 자치 정부를 세웠는데 의회와 총리는 있지만 아직 주권 국가는 아니야. 그린란드에는 철광석과 아연 같은 천연자원이 어마어마하게 매장되어 있다고 해. 덴마크 정부에서는 어떻게든 그린란드를 덴마크의 일부로 남겨 두려 하지만, 그린란드는 자원으로 얻은 경제력을 바탕으로 독립하기 위해 애쓰고 있지.

추운 곳에서 집짓기

그린란드를 비롯해 아이슬란드나 알래스카처럼 추운 지역에는 땅속에 영구 동토층이 있어. 영구 동토층은 내내 얼어 있는 땅이야. 여름철에 지표면에서는 잠시 얼음이 녹지만 그 아래는 여전히 얼어 있지. 여름에 땅이 녹으며 생긴 물이 이 얼음층 때문에 밑으로 빠지지 못하니까 땅이 질퍽해져서 흘러내릴 수 있어. 그래서 이런 지역에서는 땅속 깊이 지지대를 박은 후 집을 지어. 또 집을 땅에서 일정 높이 이상 띄우지. 집을 땅 위에 바로 세우면 집에서 나오는 열 때문에 땅이 녹으면서 기울어질 위험이 있거든. 공중에 떠 있으니까 땅바닥에서 올라오는 찬 기운을 막을 수도 있어.

지역별로 같은 시간을 사용하는 표준시

"내일 영국 런던에서 열리는 대회를 중계합니다. 대회 시작은 현지 시각으로 오전 9시, 우리 시각으로는 오후 6시입니다."

외국에서 열리는 행사를 소개할 때 이렇게 현지 시각과 한국 시각을 함께 알려 주는 말을 들어본 적 있지? 옛날부터 서로 다른 지역의 사람들은 다른 시간에서 생활했어. 저마다 자신들의 시계를 사용했다는 뜻인데 옛날에는 나라나 지역마다 시간이 달라져도 문제가 없었어. 하루에 고작 몇십 ㎞를 이동하던 시절에는 다른 지역에 가더라도 시간 차이를 느낄 정도는 아니었거든. 또 분초를 다투며 일을 처리하지도 않으니 일상에서 30분이나 한 시간쯤 차이가 나도 큰 문제가 없었지. 기술이 발달해 하루에 수백 ㎞를 이동할 수 있게 되자 상황이 달라졌어. 열차가 다니고 증기선을 운항하려면 분 단위까지 알려 주는 정확한 운행 시간표가 필요했거든. 도시에서 도시로, 나라에서 나라로 이동하는 데 어떤 지역의 시간을 기준으로 삼을지 혼란이 온 거야.

어떤 지역에 가더라도 통하는 시간 기준이 필요해지자 1884년에 만국지도회의에서 표준시가 정해졌어. 세계를 24개의 시간대로 나누고 같은 시간대에 속하는 지역끼리는 같은 시간을 사용하기로 했지. 같은 시간대에서는 시와 분, 초가 모두 같아.

지구는 둥그니까 360°이고 이 360°를 24시간으로 나누니 경도 15°마다 시간대가 달라져. 이때 0°가 되는 기준선이 필요해지자, 영국 런던 근교의 그리니치를 지나는 경선을 기준선으로 정했어. 이를 본초 자오선이라고 해. 본초 자오선을 기준으로 경도 15°를 지날 때마다 한 시간씩 시간대가 달라져. 동쪽으로 가면 한 시간 빨라지고 서쪽으로 가면 한 시간 느려지지. 동쪽에서 해가 뜨니까 시간도 더 빠른 거야.

각 나라에서는 자국을 지나는 경선 가운데 표준 경선을 정해서 그 시간

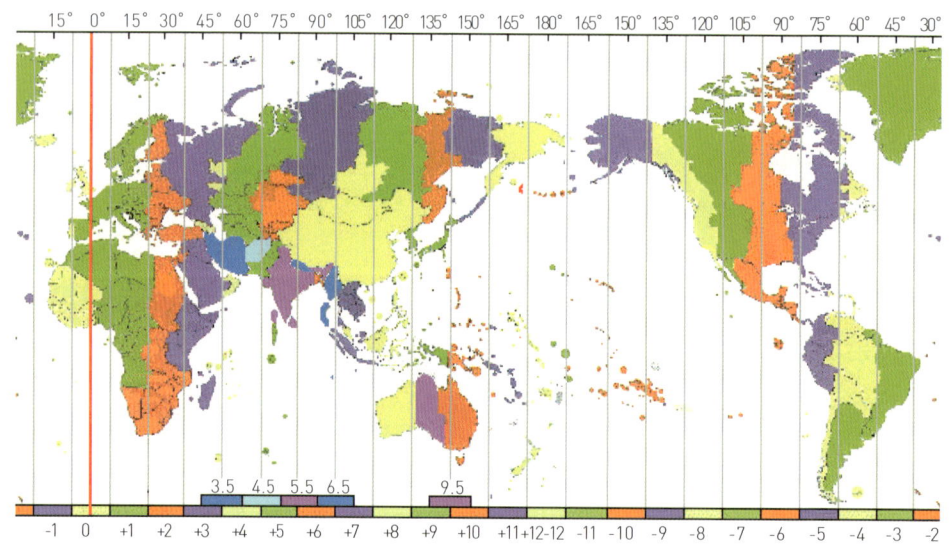

대에 시계를 맞추면 돼. 이탈리아는 동경 15°를 표준 경선으로 삼아서 그리니치보다 한 시간 빠르고 우리나라는 동경 135°를 표준 경선으로 삼아서 아홉 시간 빨라. 미국이나 러시아처럼 국토가 넓은 나라에서는 표준시를 여러 개 사용해. 뉴욕은 그리니치보다 다섯 시간 늦고 LA는 여덟 시간 늦은 표준시를 사용하지. 중국처럼 국토가 넓은데도 표준시를 하나만 정해 놓은 곳도 있어.

대부분의 나라에서는 표준시를 서로 한 시간 차이 나게 정해 놓았어. 통신·금융·항공 등 여러 분야에서 다른 나라들과 교류할 때 한 시간 단위로 시간이 달라지는 게 편리하잖아. 그런데 30분 단위로 차이 나는 표준시를 쓰는 나라도 있어. 인도·미얀마·이란이 그런 나라야. 네팔처럼 15분 단위로 표준

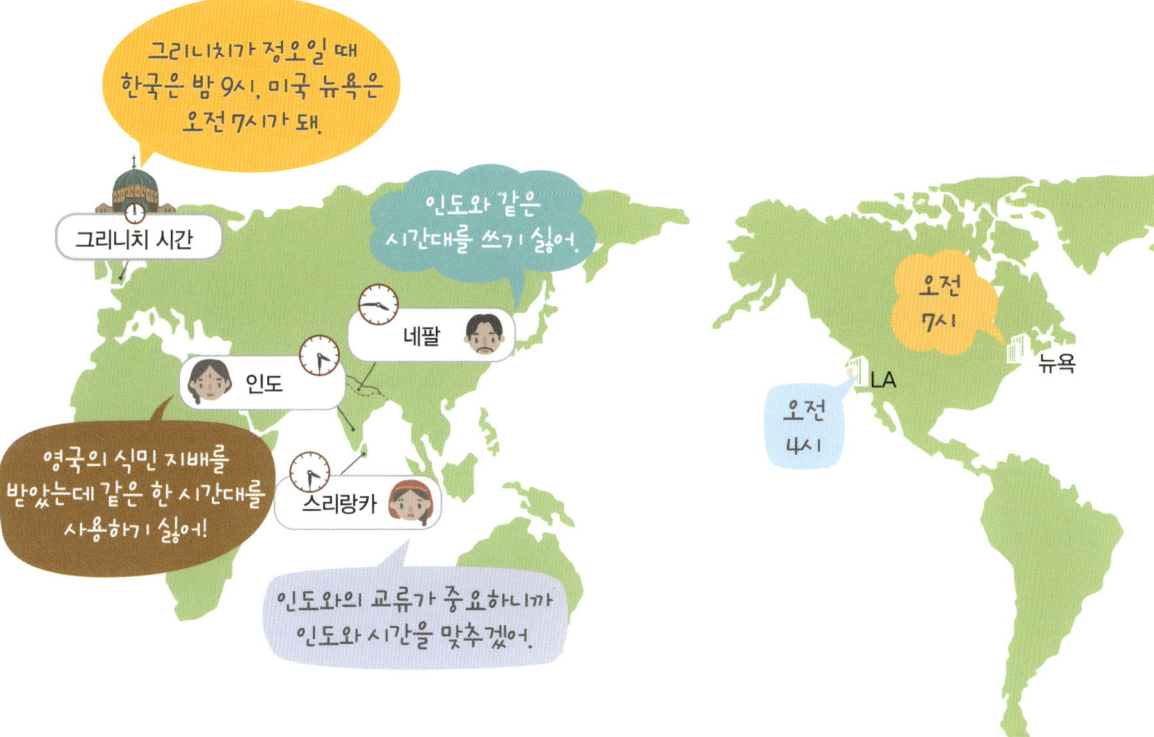

시를 정한 나라도 있어.

　　표준시를 정한 덕분에 세계인은 공통 시간 기준을 갖게 되었어. 그렇다면 24시간이 지나고 새 날짜가 시작되는 기준은 어디일까? 새로운 24시간이 시작되는 곳을 나타내려고 정한 기준선을 날짜 변경선이라고 해. 본초 자오선의 반대쪽 경도 180° 선, 즉 동과 서가 만나는 지점에 상상의 선을 정했어. 이 선은 태평양 한가운데를 지나가. 육지가 많은 곳을 지난다면 같은 나라에서, 같은 생활권에 있는 지역 안에서 날짜가 달라지는 혼란이 생길지도 몰라. 또, 직선으로 긋는다면 어떤 섬을 지날 수도 있어서 이를 피하다 보니 지그재그 모양이 되었지.

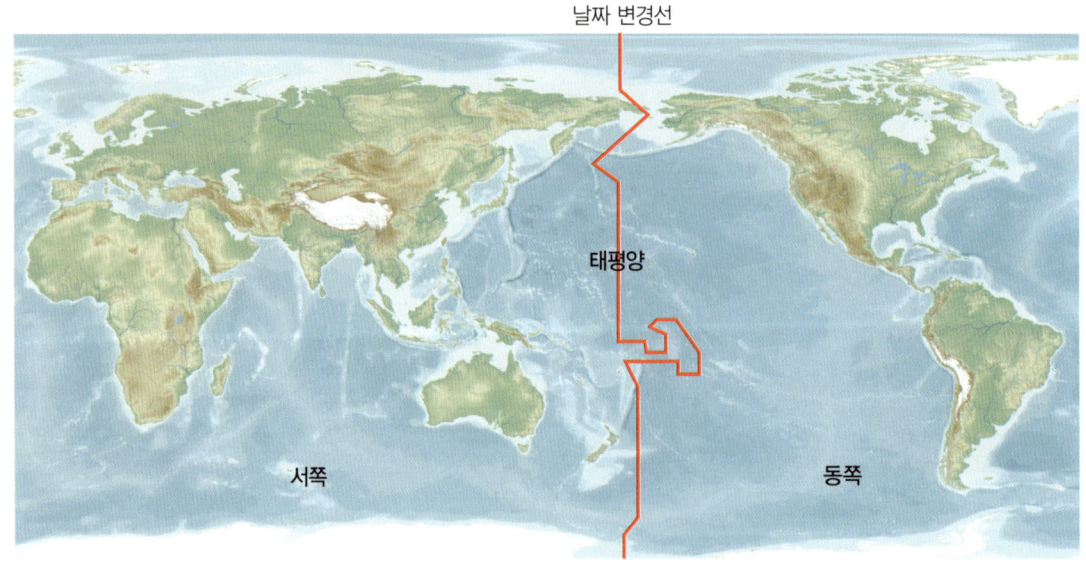

날짜 변경선의 동쪽에 있으면 서쪽보다 하루가 늦어. 날짜 변경선을 기준으로 동쪽에서 서쪽으로 갈 때는 하루를 더하고 서쪽에서 동쪽으로 갈 때는 하루를 빼야 해. 지구에서 하루를 가장 먼저 시작하는 곳은 날짜 변경선의 서쪽에 있는 섬들이야. 날짜 변경선 동쪽에 있는 사모아는 세계에서 시간이 제일 늦은 나라이지. 이웃 나라 통가가 1월 1일 새해를 맞을 때 사모아에서는 12월 31일이 시작돼.

날짜 변경선

왜 그리니치 천문대를 기준으로 삼았을까

그리니치에 세계 공통의 본초 자오선을 정하기 전에는 나라마다 다른 본초 자오선을 사용했어. 그러다 보니 지도를 사용하는 데 혼란이 있었지. 어떤 지점의 위치를 위도와 경도로 표시하는데 본초 자오선이 달라지면 경도도 달라지잖아? 지도를 한 나라에서만 사용하면 문제없지만 다른 나라 지도와 연결하거나 함께 사용하려면 문제가 생기는 거야.

만국지도회의에서 본초 자오선을 정할 때 각 나라는 서로 자기 나라에 본초 자오선을 정하려고 경쟁했어. 백악관 자오선과 파리 자오선, 그리니치 자오선 등이 경쟁하다 그리니치로 정해졌지. 그리니치에는 1675년에 세워진 왕립 천문대가 있었어. 19세기 당시에 영국이 초강대국이었던 이유도 기준이 되는 데 한몫했지. 그리고 이곳 천문대에서 오랫동안 자오선을 연

••• 그리니치 천문대

구해 왔던 터라 이미 많은 배가 그리니치를 기준 경선으로 삼아 항해하던 점도 있었어.

　먼 바다를 항해할 때 배 위치를 아는 게 중요해. 위도는 태양의 고도나 북극성을 관측하면 바다 위에서라도 손쉽게 측정할 수 있었어. 하지만 경도를 파악하기는 어려웠지. 그러다가 영국에서 시계를 이용한 계산법이 나왔어. 항해하다가 현재 위치를 알고 싶으면 해가 가장 높이 떴을 때인 정오에 시계를 봐. 이는 그리니치에 맞춰진 시계야. 시계가 오전 9시를 가리킨다면 현재 지점은 그리니치보다 세 시간 빠른 곳이야. 경도 15°마다 한 시간 차이가 나니까 그리니치를 지나는 경선에서 동쪽으로 45°만큼 떨어진 곳이라는 말이지. 시계가 오후 3시를 가리킨다면 그리니치에서 서쪽으로 45°만큼 떨어진 곳이야. 그리니치를 경도 0°로 삼고 여기에 맞춘 시계가 있으면 어디에서든 경도를 계산할 수 있어.

　문제는 정확한 시계였어. 당시의 시계들은 흔들리는 배에서 속도가 느려지거나 빨라졌거든. 이 외에도 기온 변화나 기압 차이 또는 중력 차이나 시계 부품들의 수축과 팽창 등 수많은 단점이 있었지. 이 문제들은 시계 기술자 존 해리슨이 정확한 해상 시계를 만들면서 해결되었어.

　큰 바다를 항해할 때는 태양·달·별의 위치를 아는 것도 중요했어. 당시에는 많은 배가 그리니치 천문대에서 측정한 값을 사용하고 있었거든. 배들은 대부분 그리니치 자오선을 기준으로 항해하고 있있지.

2 지구의 다양한 모습을 만드는 기후

세계 곳곳의
다양한 기후와 식생

한 지역의 기후를 결정하는 데에는 여러 요소가 영향을 미쳐. 먼저 기후를 결정하는 가장 중요한 요소는 위도야. 지구에서 태양 빛을 가장 많이 받는 적도 근처가 가장 기온이 높고 적도에서 멀어질수록, 즉 위도가 높아질수록 기온이 낮아져. 어떤 지역의 위도를 알면 기후를 알 수 있어.

땅이 바다에서 멀리 떨어진 내륙이냐, 땅과 바다가 맞닿아 있는 해안이냐도 기후에 영향을 미쳐. 육지는 바다보다 더 쉽게 뜨거워지고 빨리 식어서 대륙

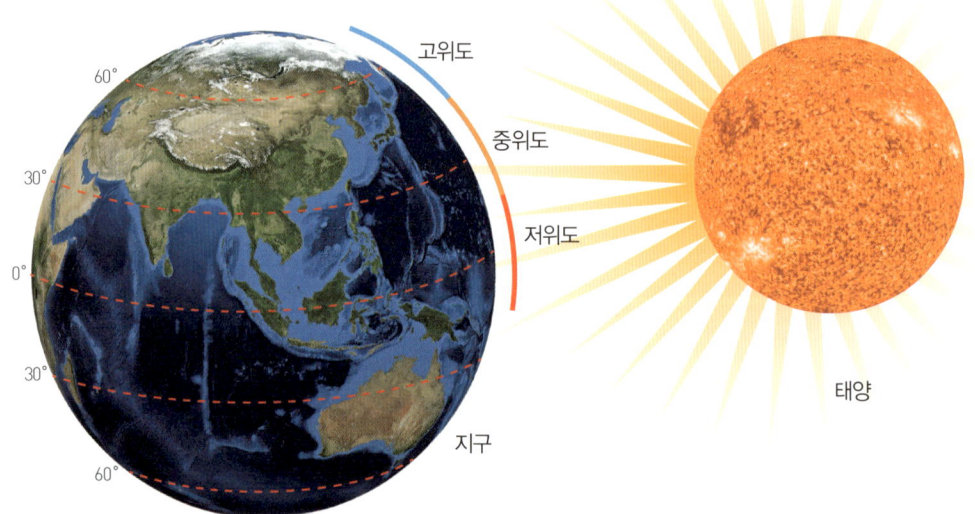

안쪽일수록 연교차가 커. 대륙 안쪽에서 육지의 영향을 강하게 받는 기후를 대륙성 기후라고 해. 이와 달리 바다는 육지보다 천천히 더워지고 느리게 식어서 바다와 가까운 곳은 연교차가 별로 나지 않아. 여름에는 시원하고 겨울에는 따뜻한 편이지. 이렇게 바다의 영향을 받는 기후를 해양성 기후라고 해.

바다와 가깝더라도 어떤 해류가 흐르는가에 따라 기후는 달라져. 해류란 일정한 방향과 속도로 이동하는 바닷물의 흐름을 말해. 적도 부근에서 고위도 지역으로 흐르는 따뜻한 해류를 난류, 고위도에서 적도 쪽으로 흐르는 차가운 해류를 한류라고 해. 난류가 지나는 지역은 같은 위도의 다른 지역보다 따뜻해.

바람도 기후에 영향을 미쳐. 어떤 방향으로 부는지, 얼마나 따뜻한지, 얼마나 습기가 많은지 등에 따라 기후가 달라져. 강수량도 기후를 바꾸는 중요한 요소야.

세계의 기후는 일정한 특징에 따라 크게 몇 가지로 나눌 수 있어. 기후

날씨와 기후, 어떻게 다를까?

날씨는 그날그날의 기상 상태야. "덥다. 춥다. 흐리다. 비가 온다." 하는 식으로 비·구름·바람·기온 등에 따라 나타나는 일시적인 상태지. 날씨는 날마다 바뀌어. 기후는 장기간에 걸쳐 나타나는 현상이야. 한 지역에서 여러 해에 걸쳐 나타난 평균 기상 상태를 나타내는데 보통 30년 정도 이어지는 상태를 말해. "8월 1일에는 기온 30℃에 햇빛이 강하고 바람 한 점 없었다." 하면 날씨를, "우리나라는 8월에 후텁지근하다." 하면 기후를 말하는 거야.

구분법에서 쾨펜의 방식이 널리 쓰이지. 독일의 기상학자 쾨펜은 식생 분포를 바탕으로 기후를 나눴어. 식물이 자라는 데 기온과 강수량이 가장 중요해. 식생으로 기후를 구분한다면 "기온과 강수량을 기준으로 삼는다."라는 뜻이지.

먼저 나무가 자랄 수 있는 기후와 자랄 수 없는 기후로 나누어. 나무가 자랄 수 있는 기후는 기온에 따라 더운 열대 기후, 온난한 온대 기후, 추운 냉대 기후로 나누어. 나무가 자라지 못하는 기후로 건조 기후와 한대 기후가 있어. 건조 기후는 기온은 높지만 강수량이 너무 적어서 나무가 자라지 못하고 한대 기후는 너무 추워서 나무가 자라지 못해.

••• 블라디미르 쾨펜

기후가 같은 지역끼리 표시하면 대체로 같은 위도에서 동서 방향으로 펼

나무가 자랄 수 있는 기후	열대 기후	• 더운 기후. • 가장 추운 달의 평균 기온은 18℃ 이상.
	온대 기후	• 따뜻하고 사계절이 뚜렷한 기후. • 가장 추운 달의 평균 기온이 영하 3~18℃.
	냉대 기후	• 추우면서 사계절이 있는 기후. • 가장 추운 달의 평균 기온이 영하 3℃ 이하. 가장 따뜻한 달의 평균 기온이 10℃ 이상.
나무가 자랄 수 없는 기후	건조 기후	• 강수량이 적어서 나무가 자라지 못하는 기후. • 연강수량 500mm 이하.
	한대 기후	• 추워서 나무가 자라지 못하는 기후. • 가장 따뜻한 달의 평균 기온이 10℃ 이하.

쳐져. 그래서 기후 이름에 띠를 뜻하는 글자 대를 붙였어. 적도를 중심으로 고위도로 가면서 열대·건조·온대·냉대·한대 기후가 나타나. 이 다섯 기후를 큰 줄기로 해서 기온과 강수량에 따라 다시 더 작게 나누었어.

기온을 기준으로 할 때 추운 지역은 가장 따뜻한 달의 기온을, 더운 지역은 가장 추운 달의 기온을 기준으로 삼아. 강수량이 얼마나 많은가도 기준이 되고 어느 계절에 주로 내리는가도 기준이 돼. 비가 여름에 주로 내리는지, 겨울에 주로 내리는지, 아니면 연중 고르게 내리는지에 따라 구분하지.

열대 기후는 후끈후끈하게 더운 기후야. 열대 기후에서도 1년 내내 비가 내리면 열대 우림 기후, 비가 내리는 우기와 내리지 않는 건기로 나뉘면 사바나 기후라고 해. 온대 기후는 사계절이 뚜렷하고 따뜻해. 넓은 범위에 걸쳐 있으면서 다양한 모습을 보이는 기후대야. 같은 온대 기후라도 계절에 따른 강수량 차이나 계절풍의 영향, 난류의 영향 등에 따라 지역마다 조금씩 달라. 냉대 기후는 연교차가 큰 대륙성 기후로 유라시아 대륙에 넓게 나타나. 남반구에는 냉대 기후가 나타날 만한 위도에 육지가 없어서 북반구에만 있는 기후대야. 건조 기후는 1년에 비가 500㎜ 이하로 내리는 기후야. 건조 기후는 강수량이 250㎜를 넘어 풀이 자랄 수 있는 스텝 기후와 250㎜가 되지 않아 풀조차 자라지 않는 사막 기후로 구분해. 한대 기후는 주로 극지방에서 볼 수 있어. 한대 기후에서도 가장 따뜻한 달의 평균 기온이 0~10℃면 툰드라 기후, 그 이하면 빙설 기후라고 해. 툰드라 기후 지역에서는 여름철에 잠깐 눈이 녹지만 빙설 기후 지역에서는 언제나 꽁꽁 얼어붙어 있지.

사람들은 온대 기후에서 가장 많이 살고 있지. 따뜻한 데다가 강수량이

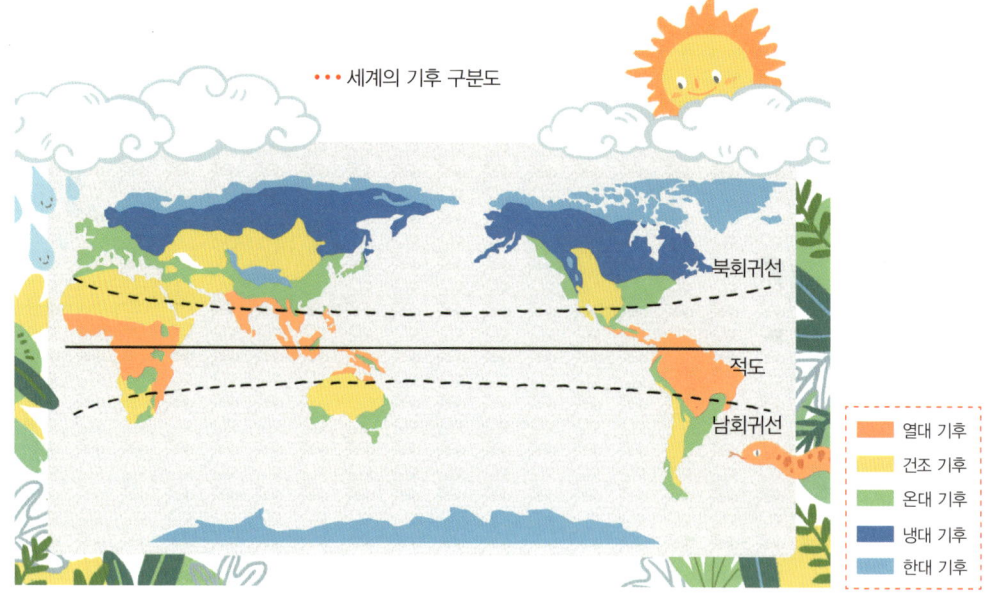

••• 세계의 기후 구분도

열대 기후
건조 기후
온대 기후
냉대 기후
한대 기후

충분해서 농사짓기 좋고 사람이 많이 모여 사니까 상공업과 도시 발달에도 유리해. 선진국 대도시들은 대부분 온화하고 쾌적한 온대 기후와 냉대 기후 사이에 있어. 스텝 기후나 툰드라 기후에서도 사람이 살 수 있어. 사막 기후와 빙설 기후에서는 사람이 살 수 없는데, 사막이라도 물을 구할 수 있는 곳이라면 사람이 살 수 있지.

기온이 가장 높은 곳과 낮은 곳

가장 높은 기온을 기록한 곳은 이라크의 바스라야. 1922년 9월, 기온이 무려 58.8℃까지 올라갔지. 태양열을 가장 많이 받는 곳은 적도 부근이지만 대기의 이동, 바다의 분포 등 여러 요소가 작용해서 적도가 가장 덥지는 않아. 가장 낮은 기온은 1983년 7월, 남극에서 기록된 영하 89.2℃야. 사람이 살고 있는 곳에서는 러시아 동부 베르호얀스크의 영하 68℃가 가장 낮은 기록이야.

기후 변화로 어려움에 처한 나라들

덥거나 추워도 기후는 일정한 규칙성을 보이는데 전혀 의외의 현상이 나타나기도 해. 기온이 평년보다 비정상적으로 높아지거나 낮아지는가 하면, 건조한 곳은 더 건조해지고 비가 많이 내리는 곳은 더 많이 내리는 거야. 이런 이상 현상이 어쩌다 한 번이 아니라 자주 벌어져서 걱정이 커지고 있어. 세계 곳곳에서 나타나는 기상 이변의 주원인으로 지구 온난화가 꼽혀. 지구의 기온은 지난 100년간 1℃ 가까이 높아졌고 21세기 말에 1.5~4.5℃ 정도 더 올라갈지도 모른다는 걱정스러운 예측이 있지.

녹아내리는 빙하는 지구 온난화를 실감나게 보여 주고 있어. 높은 산 위의 빙하도, 극지방에 있던 빙하도 점점 작아지고 있지. 극지방에서는 눈과 얼음이 태양 빛을 반사해 기온이 더 낮아지는데, 얼음이 녹으니 반사하는 양이 적어져서 기온이 더 올라가.

빙하가 녹은 물이 바다로 흘러들면서 해수면이 높아져. 또 민물이 대량으로 흘러드니까 바닷물의 염도가 달라져서 해류에 변화가 생기기도 하지. 물은 온도가 높을수록 부피가 커지니까 수온이 올라가면 해수면은 더욱 높아져. 알프스나 히말라야 같은 고산 지대의 빙하가 다 녹아서 바다로 흘

••• 녹는 빙하

••• 투발루　　　　　　　　　　••• 몰디브

러가거나 남극 대륙의 빙하가 녹아 흘러든다면 엄청난 결과를 불러올지도 몰라.

지구의 기온이 올라가는 이유는 대기의 온실 가스가 지나치게 늘어났기 때문이야. 지표면이 태양에게 받는 열은 모두 흡수되지 않고 일부가 반사되는데 대기 안의 기체들이 이 열을 흡수해 가두는 거야. 온실의 유리 벽처럼 열이 빠져 나가지 못하게 막는다, 해서 이런 이름이 붙었지. 온실 가스로는 수증기·이산화탄소·아산화질소·메탄·오존·프레온 가스 등이 있어.

온실 가스가 없다면 지표에서 반사된 열이 모두 빠져나가 지구가 꽁꽁 얼어붙고 말 거야. 온실 가스는 지구의 기온을 유지하는 데 꼭 필요하지. 그런데 이 온실 가스가 인위적으로 너무 많이 생겨서 큰 문제야. 산업화로 화석 연료를 많이 사용하고 숲이 파괴되면서 이산화탄소가 지나치게 생겼거든.

지금처럼 계속 기온이 올라가 해수면이 높아진다면 바닷가의 낮은 지대들이 큰 피해를 입을 수밖에 없어. 미국 플로리다, 아시아의 벵골 같은 지대는 상당 부분이 가라앉고 태평양과 인도양의 산호섬들은 통째로 물에 잠길 위험이 크다고 해. 대표적으로 거론되는 곳이 투발루

북극의 얼음이 모두 녹는다면?

북극의 빙하는 아무리 녹아도 해수면 상승에 영향을 주지 않아. 북극은 꽁꽁 얼어 있어서 얼핏 육지처럼 보이기도 하지만 사실은 바다에 빙하가 떠있는 거잖아. 이미 바다의 부피에는 그 빙하의 부피가 들어 있어. 따라서 빙하가 녹더라도 전체 부피에는 변함이 없지. 컵에 담긴 얼음이 녹더라도 넘치지 않는 것과 같은 원리라고 보면 돼.

와 몰디브야.

남태평양의 적도 근처에 있는 투발루는 아홉 개의 산호섬으로 이루어진 나라야. 면적이 26㎢인 이 나라는 세계에서 네 번째로 작아. 투발루는 평균 해발 고도가 3m 정도로 낮고 지형이 평평해. 가장 높은 곳도 5m를 넘지 않아. 해수면 상승으로 수십 년간 섬 두 곳이 바다에 잠겼는데 계속 해수면이 상승한다면 나라가 통째로 가라앉을 수도 있대.

인도양의 스리랑카 남쪽에 있는 몰디브도 해수면 상승으로 위기에 처해 있어. 1,200개의 섬으로 이루어져 있는 이 나라에서 해발 높이가 가장 높은 섬은 2m를 넘지 않아.

투발루나 몰디브는 산업화가 덜 된 나라들이야. 온난화의 주요 원인인 이산화탄소를 많이 내보내는 나라들이 아니야. 그런 나라가 온난화의 피해를 고스란히 받고 있는 거야. 계속되는 온난화를 막으려면 근본적인 대책이 필요해. 화석 연료를 대신할 에너지 개발도 그런 노력 가운데 하나야. 국제 사회가 함께 문제를 해결하려 하지만 각국의 이해관계가 얽혀 있어서 어려움도 많아.

지구의 열을
고루 섞어 주는 바람

지구는 둥근 모양 때문에 위도에 따라 햇빛을 받는 양이 달라져. 적도 지방이 가장 많이 받고 극지방이 가장 적게 받지. 그렇다면 열이 몰리는 적도 부근은 한없이 뜨거워지고 극지방은 한없이 추워지지 않을까? 다행히 바람이나 해류 등이 지구의 열을 고루 섞어 주고 있어.

바람은 공기의 흐름이야. 공기 같은 기체는 따뜻할수록 가벼워지는 성질이 있어. 따뜻해진 공기가 위로 올라가면 상대적으로 차가운 주변의 공기가 그 자리를 채우려고 움직여. 이 움직임을 우리는 바람으로 느끼지. 위로 올라갔던 공기가 식어서 내려오고 다시 데워져서 올라가기를 거듭하며 열이 고루 섞이는 거야. 이렇게 기체나 액체가 움직이며 열을 전달하는 현상을 대류라고 해.

공기는 집 안과 집 밖, 동네와 동네 사이를 순환해. 그리고 지구 전체를 놓고 보면 아주 큰 규모로 순환하고 있어. 태양열을 많이 받는 적도 지방에서는 공기가

고기압과 저기압

공기에는 아래로 내리누르는 힘이 있어. 이것을 기압이라고 해. 공기는 따뜻할수록 가벼워져서 위로 올라가고, 그러면 내리누르는 힘이 그만큼 약해져. 이 상태를 저기압이라고 해. 반대로 공기가 식으면 무거워져서 아래로 내려오니까 고기압이 되지. 이때 저나 고는 주변의 기압에 비해 상대적으로 낮거나 높다는 뜻이야. 저기압 지역에서 공기가 올라가면 그 공기가 있던 자리를 채우려고 주변의 공기가 들어와. 그래서 저기압인 지역에는 바람이 많이 불고 올라간 공기가 구름을 만들어서 날이 흐리거나 비가 오지. 고기압 지역에서는 올라가는 공기가 없으니까 구름이 생기지 않고 비도 내리지 않는 맑은 날씨가 나타나.

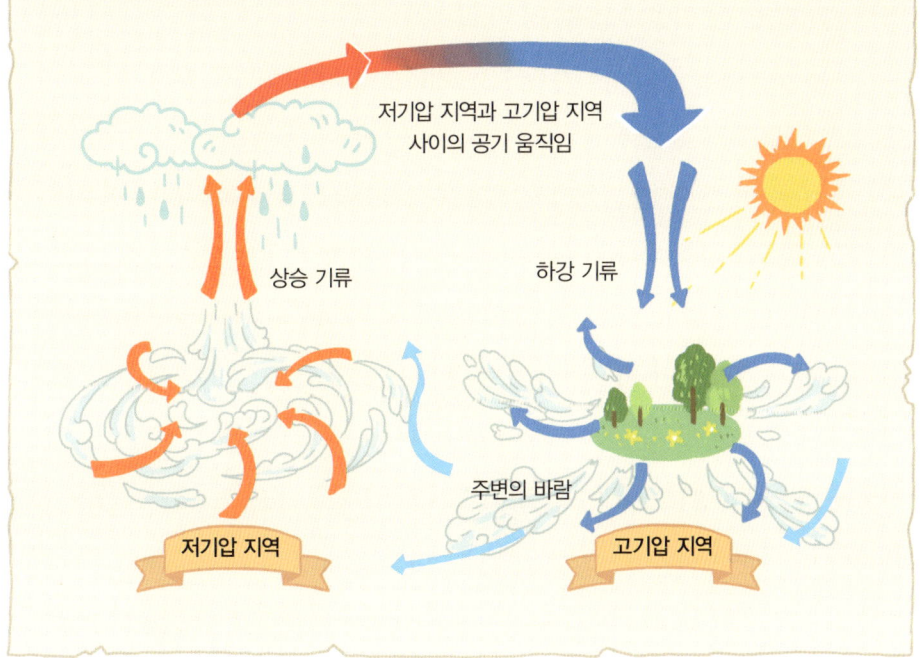

따뜻해져서 올라가고 차가운 극지방에서는 공기가 내려와. 지구 전체로 보면 극지방에서 적도 쪽으로 바람이 불겠지? 그런데 지구는 엄청난 속도로 자전하고 있어서 그 힘이 바람에 영향을 주게 돼. 지구가 도는 힘에 이끌려 바람이 휘어지는 건

데, 이 흐름은 위도에 따라 규칙적인 흐름을 보여.

적도와 극지방 사이에는 위도에 따라 세 개의 큰 흐름이 있어. 물론 북반구와 남반구에 대칭으로 나타나지. 위도 0~30°사이에서는 적도 쪽을 향해 바람이 부는데 북반구에서는 북동풍, 남반구에서는 남동풍이야. 이 바람을 무역풍이라고 해. 위도 30~60°에서는 바람이 서쪽으로 치우쳐서 불기 때문에 편서풍이라고 해. 60~90°에서는 극지방에서 저위도 쪽으로 바람이 부는데 동풍이라서 극동풍이라고 해. 왜 이런 흐름이 만들어질까?

적도 부근에서 높이 올라간 공기는 비구름이 되어서 비를 뿌려. 열대 바다의 수증기가 함께 증발하니까 강수량이 많아. 그런 뒤 고위도로 이동하다가 30° 부근에서 고위도에서 내려온 공기와 만나 하강해 고기압대를 이루지. 이곳을 아열대 고압대라고 해. 고기압 지역에서는 비구름이 만들어지지 않고 맑은 날씨가 주로 나타나. 그래서 아열대 고압대에는 사막이 만들어져.

위도 30°에서 내려온

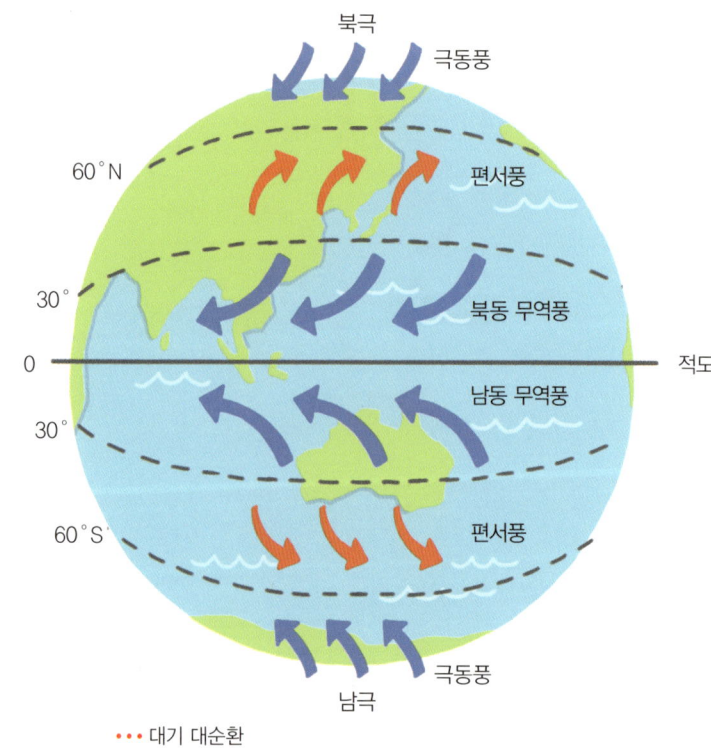

••• 대기 대순환

공기는 적도 쪽의 빈자리를 채우기 위해 되돌아가고 일부는 고위도 쪽으로 이동해. 적도 쪽으로 되돌아온 무역풍은 적도 부근에서 많은 비를 뿌려. 적도 부근은 높은 기온에 강수량까지 많으니 열대 우림이 우거져. 고위도 쪽으로 이동하는 공기는 지구의 자전하는 힘에 이끌려 서쪽으로 치우쳐서 불어. 이게 바로 편서풍이야. 서쪽으로 치우친 채 고위도 쪽으로 이동하던 공기는 위도 60° 부근에서 차가운 극동풍과 만나. 배에 돛을 달고 바람에 의지해 항해하던 시대에는 무역풍이나 편서풍, 극동풍처럼 일정한 방향으로 부는 바람이 무척 중요했어. 콜럼버스 같은 탐험가들은 유럽에서 아메리카로 갈 때 북동 무역풍을 이용하고 되돌아갈 때는 편서풍을 이용했지. 무역풍이라는 이름도 무역을 위해 항해하던 돛단배들이 이 바람을 이용했던 데에서 비롯했어.

    중위도 지역에서 부는 편서풍은 우리나라에도 영향을 미쳐. 우리나라 대기가 중국의 대기 상태에 영향을 많이 받는 까닭은 이 편서풍 때문이지. 봄철이면 나타나는 황사도 중국 북부와 몽골의 황토 지대에 있는 미세한 먼지가 편서풍을 타고 날아오는 거야.

    우리나라는 유라시아 대륙 서쪽에 있는 영국이나 프랑스보다는 편서풍의 영향을 덜 받아. 대륙을 지나는 동안 바람이 많이 약해지기 때문이야. 우리 생활에 더 큰 영향을 주는 바람은 계절풍이지.

바람이 불지 않는 적도 무풍대

적도를 따라 특정한 위도에는 바람이 불지 않거나 아주 약하게 부는 곳이 있어. 바로 북반구의 북동 무역풍과 남반구의 남동 무역풍이 만나는 곳이야. 서로 기압이 다른 지점이 옆에 있어야 고기압 쪽에서 저기압 쪽으로 바람이 부는데, 이곳에서는 공기가 모두 뜨거워서 상승 기류만 생기니 바람이 불지 못해. 이곳을 적도 무풍대라고 해. 상승 기류가 많으니 습기를 잔뜩 머금은 구름이 잘 생기고 돌풍이 불면서 천둥 벼락과 함께 소낙비가 쏟아지곤 하지. 이 비를 스콜이라고 불러.

··· 스콜 현상

　무풍대는 위도 30° 부근에도 생겨. 이곳은 적도와는 반대로 하강 기류가 강해서 바람이 생기지 않아.
　무풍대는 바람에 의지해 다니던 돛단배에게 치명적이었어. 자칫 무풍대에 들어갔다가는 옴짝달싹 못 하고 최악의 상황에는 선원들이 모두 굶어죽기도 했어. 선원들이 다 죽고 없는 배가 우연찮게 무풍대를 빠져나와서 떠돌아다니는 경우가 있었는데, 사람들은 이를 보고 유령선이라고 생각했지.
　열대부터 한대까지 기후 분포나 무역풍과 편서풍, 극동풍 같은 바람의 흐름도 적도를 중심으로 남북 대칭을 이루며 나타나. 지구 가운데에서 기준선이 되는 적도에 대해 더 알아보기로 해.
　적도는 북극과 남극에서 같은 거리에 있는 지점들을 연결한 선이야. 적도를 따라 지구를 한 바퀴 돌아볼까? 먼저 싱가포르에서 보르네오 정글, 바람이 잔잔한 태평양을 건너 남아메리카 대륙의 에콰도르 고산 지대와 아마존 분지의 열대 우림을 지나. 다시 대서양을 건너 아프리카 콩고 분지의 열대 우림을 지나면 동부의 고원 지대가 나와. 그리고 인도양을 건너서 인도네시아의 수마트라섬을 지나면 싱가포르로 돌아오지. 이 거리는 약 40,077km야. 남아메리카 대륙에 있는 에콰도르는 스페인 말로 적도라는 뜻이야. 수도인 키토의 북쪽 23km 지점으로 적도가 지나가거든. 적도에 걸쳐 있어서 더울 것 같지만 해발 2,000m가 넘는 고산 지대라 1년 내내 선선해.

　적도는 태양이 곧바로 내리쪼이는 곳이지만 기온이 가장 높지는 않아. 지구에서 연평균 기온이 가장 높은 지점을 이어 보면 그 위치가 적도와 가깝기는 해도 일치하지는 않아. 계절에 따라 위치가 바뀌는데 1년 평균 기온을 보면 북위 10° 부근이 가장 높아. 같은 태양열을 받아도 지역마다 흡수하거나 반사하는 정도가 다르고 해류의 이동이나 바람 등으로 열이 이동하고 계절에 따라 태양열이 많이 오는 위치가 달라지기 때문이야. 또 적도 부근에는 구름이 잘 생겨서 태양 빛을 가리는 일이 많아.

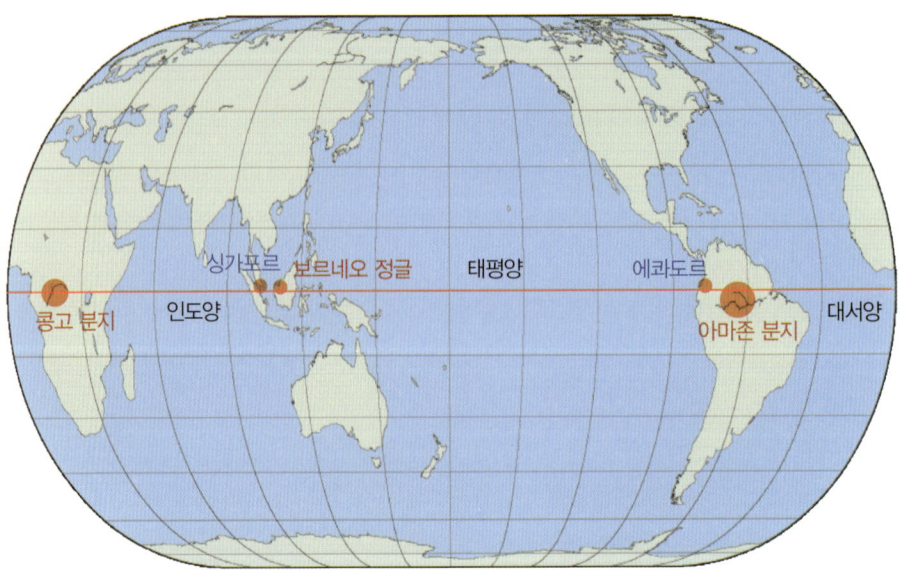

••• 적도가 지나는 지역

강수량에 영향을 주는 조건들

지구에 있는 물은 끊임없이 순환해. 바다·호수·하천·습지 등에 있는 물이 증발하여 수증기가 되고 이 수증기가 엉겨서 구름이 되었다가 비나 눈으로 내려와. 그리고 다시 증발해서 수증기가 되지. 증발했던 수증기가 지표로 돌아올 때는 비·눈·우박·진눈깨비·싸라기눈 같은 형태가 되는데 이를 통틀어 강수라고 해. 비나 눈이 얼마나 왔는지 이야기할 때 강수량이라고 하는 것을 들어봤을 거야. 강수량을 표시할 때 비는 ㎜를, 눈은 ㎝를 단위로 사용해.

강수량은 기온과 함께 기후를 구분하는 중요한 기준이야. 강수량에 영향을 주는 요인은 여러 가지가 있어. 우선 위도에 따라 크게 차이 나. 지구에서 공기가 순환할 때 위도에 따라 일정한 분포를 보이는데 이 공기의 성질에 따라 강수량이 달라지기 때문이야. 세계의 강수량 분포를 보면 적도를 중심으로 대칭을 이루고 있어.

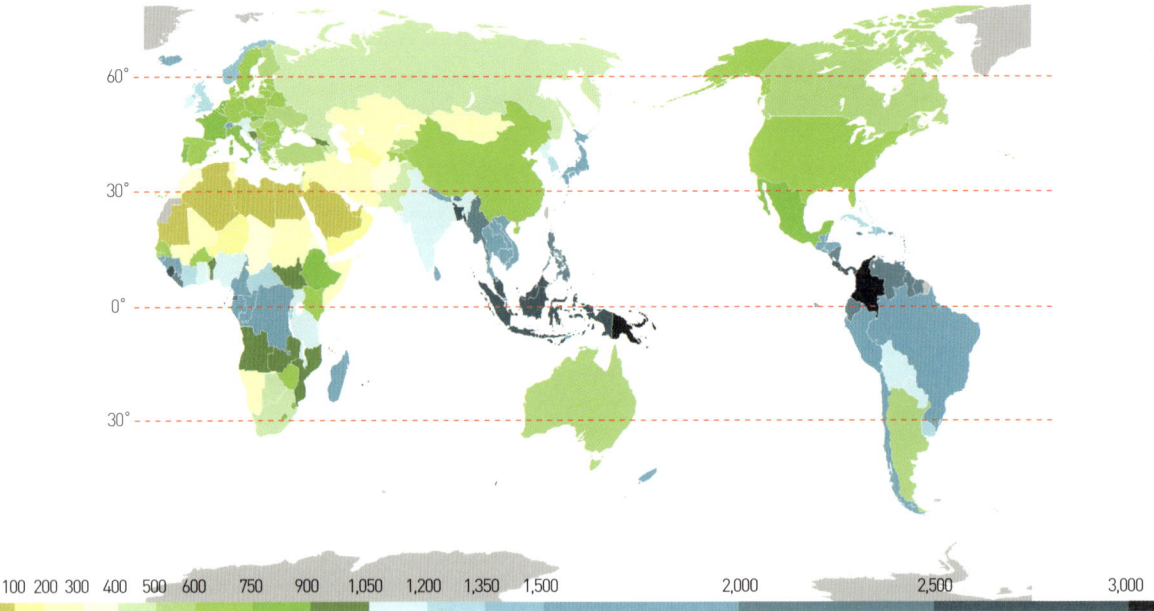

••• 세계 강수량 분포도

적도 주변과 위도 60° 일대는 대체로 강수량이 많아. 적도 주변은 높은 기온 때문에 공기가 상승해서 비구름이 생기지. 위도 60° 일대는 극지방의 차가운 바람과 중위도 지역의 따뜻한 바람이 부딪쳐 공기가 상승하면서 비구름이 생겨. 위도 20~30° 일대와 극지방은 강수량이 적어. 두 지역 모두 공기가 하강하는 지역이라 구름이 잘 안 만들어지거든.

바닷가인지 내륙인지, 지형이나 바람이 부는 방향 등에 따라서도 강수량은 차이가 생겨. 물로 가득한 바다에서는 증발하는 수증기가 많아서 해안 지역은 강수량이 많아. 특히 난류가 흐르는 해안은 상승 기류가 활발해서 비가 자주 내리지. 한류가 흐르는 해안은 상승 기류가 생기기 어려워서 비구름이 만들어지지 않아.

또 바다에서 먼 내륙의 중심으로 갈수록 강수량은 줄어들어.

높고 큰 산도 강수량에 영향을 미쳐. 구름이 이동하다 높은 산에 가로막히면 강제로 높이 올라가게 돼. 올라간 구름은 식어서 비를 뿌리고 뜨겁고 건조한 상태가 되어 산을 넘어가. 그러면 산 너머 지역은 건조한 기후가 돼.

계절에 따라 강수량이 달라지기도 해. 계절풍이 부는 지역에서는 특정 계절에 몰아서 비가 오거나 건기가 나타나. 계절풍은 여름과 겨울에 방향이 바뀌는 바람이야. 대륙과 바다의 온도 차이 때문에 여름에는 바다에서 육지로 불고 겨울에는 육지에서 바다로 불지. 여름에 바다 쪽에서 부는 바람은 습기가 많아 비를 많이 뿌려. 인도에서 동남아를 거쳐 한국과 일본에 이르는 지역은 계절풍의 영향을 받아 여름에 비가 많이 내리는 곳이야. 적도 근처는 상승 기류가 발달해서 강수량이 많지만 계절풍의 영향을 받는 곳에서는 3~4개월씩 비가 오지 않는 기간이 생겨. 남부 아시아에서 동남아시아에 이르는 지역, 남아메리카의 북동부 지역, 아프리카 기니만의 서쪽 지역이 그런 곳이야.

비가 한꺼번에 몰아서 내리는 인도 동북부

어떤 지역의 강수량을 말할 때는 대개 연평균 강수량으로 이야기해. 그런데 강수량이 같더라도 비가 1년 내내 고르게 내리는 곳이 있는가 하면 일정 시기에 몰아서 내리는 곳도 있어. 심하면 1년 강수량의 대부분을 한 달 동안 쏟아붓기도 해. 인도의 메갈라야주가 그런 곳인데 세계에서 가장 비가 많이 오는 데도 건기에는 가뭄에 시달리지.

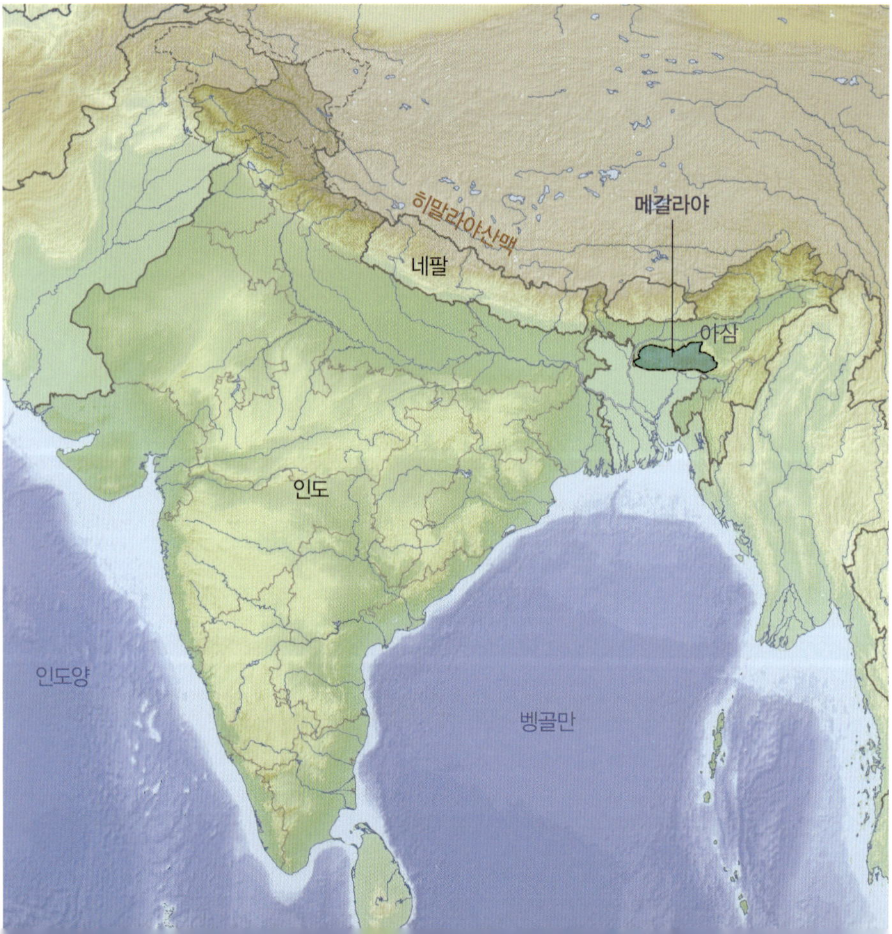

인도는 열대 기후이면서 계절풍의 영향을 받는 곳이야. 6월부터 바람이 남서풍으로 바뀌고 우기가 시작되면서 인도양과 벵골만에서 수증기를 잔뜩 머금은 바람이 몰려와. 8월에는 인도 곳곳에 엄청난 비가 쏟아지는데 1년 동안 내리는 비의 80% 정도가 이때 내릴 정도야.

인도 북동부에 있는 메갈라야주의 마우신람은 연평균 강수량이 11,873㎜야. 세계에서 가장 비가 많이 오는 곳이지. 여러 해에 걸쳐 측정한 평균 강수량은 마우신람이 가장 많지만 한 해에 내린 비가 가장 많았던 기록은 체라푼지에 있어. 무려 26,467㎜나 내렸지. 1860년 8월부터 1861년 7월까지 내린 양인데 1861년 7월에는 9,296㎜로 한 달 강수량의 최고 기록을 세웠지. 체라푼지 역시 메갈라야주에 있는데 연평균 강수량은 11,430㎜로 3위에 이름을 올렸어. 이렇듯 세계적인 강수량을 자랑하는 메갈라야는 그 이름부터가 구름이 머무는 곳이라는 뜻이래. 메갈라야주는 1972년에 아삼주에서 분리된 곳이야. 아삼주 역시 비가 많이 오고 기온이 높아서 벼와 차를 재배하기 좋아. 차나무 잎으로는 녹차도 만들고 홍차도 만드는데 인도에서는 홍차를 생산해. 인도는 세계 최대의 홍차 생산국인데 절반 이상을 아삼에서 생산하지.

••• 메갈라야 산악

아삼주나 메갈라야주에 비가 많이 오는 것은 북쪽에 버티고 선 히말라야산맥 때문이야. 적도 부근의 인도양에서 물기를 잔뜩 머금고 온 바람이 히말라야산맥에 부딪혀 강제로 상승해 비구름이 되는 거야. 강수량은 엄청난데 물을 저장하거나 바다로 빨리 흘려보낼 수 있는 시설이 부족해서 여름이면 홍수로 몸살을 앓아. 이 비는 그대로 강을 타고 내려가 방글라데시나 네팔에도 홍수를 일으키지. 산에 부딪혀 비를 퍼붓고 가벼워진 구름은 티베트로 넘어가. 이미 비를 다 뿌리고 메마른 상태인지라 티베트에는 비가 거의 오지 않지. 이렇게 비가 많이 오는 마우신람이나 체라푼지도 겨울이면 비가 거의 내리지 않아 가뭄에 시달리곤 해. 세계에서 비가 가장 많이 오는 곳인데도 물 부족에 시달리는 거야. 그래서 사람들은 이곳을 비가 많이 오는 사막이라고 부르곤 하지.

인도 메갈라야주의 체라푼지

덥고 습한 열대 우림 기후

적도를 중심으로 위도 0~5° 지역에는 열대 우림 기후가 나타나. 열대 우림 지역은 연평균 기온이 26℃ 정도이고 연교차는 2℃ 정도로 작아. 1년 내내 덥다는 말이야. 연평균 강수량은 2,500㎜ 안팎이고 매달 고르게 내리는 편이야. 1년 내내 비도 많이 온다는 뜻이지. 열대 우림 지역에서는 계절 변화 없이 거의 매일 비슷한 날씨가 반복되는데 스콜도 그중 하나야. 스콜은 한낮의 강한 햇볕을 받은 공기가 상승해서 만들어진 비구름이 쏟아 내는 소나기야. 갑자기 어두워지고 바람이 불면서 요란한 천둥소리와 함께 강하게 비가 쏟아져. 주로 오후 2~4시에 쏟아져 내리지. 비가 그치고 나면 강한 햇볕에 금세 땅이 말라. 덥고 습하니까 식물이 자라기에는 좋아서 숲이 울창하게 우거졌어. 울창한 숲에서는 나무들이 서로 햇빛을 받으려고 하늘 높이 자라게 돼. 60m는 예사로 넘는 키 큰 나무들이 가득해서 하늘을 완전히 가릴 정도야. 이와 달리 지면 가까이 자라는 식물은 별로 없어. 식물들은 햇빛을 받기 유리하도록 나뭇잎을 최대한 넓게 펼치고 몇 층으로 나누어 숲을 이루지. 덩굴 식물도 높은 가지에 붙어 햇빛을 찾아 올라가고 말이야. 열대 우림은 이렇듯 울창하고 복잡하게 뒤엉킨 식물들과 함께 다양한 새와 곤충, 포유류가 살며 풍부한 생태계를 이루고 있어.

열대 우림에는 식물이 너무 우거져서 사람이 살기에는 맞지 않아. 무엇보다 농사를 짓기 어렵지. 하루에도 몇 번씩 스콜이 내리니 물 걱정은 없지만 비가 너무 오니까 외려 토양의 영양분을 씻어 버려서 땅이 척박하거든. 열대 우림의 원주민들은 수렵과 채집을 주로 하면서 화전을 일구었어. 땅이 거칠어지면 새로운 화전을 만들어 옮겨 가면서 농사지었지. 집을 지을 때는 습기와 벌레들을 피하려고 바닥을 땅에서 떨어뜨려 지었어. 또 비가 잘 흘러내리게 지붕 경사를 급하게 만들어.

브라질의 아마존 분지에 있는 열대 우림이 세계적으로 알려져 있어. 아프리카의 콩고 분지, 동남아시아의 말레이시아, 인도네시아 지역에도 열대 우림이 발달해 있어. 아프리카 서부의 기니만 연안, 남태평양의 파푸아 뉴기니, 중앙아메리카 등에도 열대 우림이 나타나는 곳이 있지.

열대 우림은 지구 환경에 중요한 역할을 하고 있어. 숲은 대기 중의 이산화탄소를 흡수하고 우리에게 필요한 산소를 공급해 주잖아. 오염 물질을 걸러 주는 역할도 하고 말이야.

열대 우림은 생물종의 보고이기도 해. 이곳에 전 세계 동식물의 절반 이상이 산다고 해. 생물종이 다양하다는 뜻은 인간이 이용할 수 있는 자원이 많다는 뜻이야. 특히 난치병 치료에 필요한 의약품의 원료가 있을 수 있지. 그런데 이 열대 우림이 빠르게 파괴되고 있어. 동남아시아의 보르네오섬에서는 팜유 생산에 필요한 기름야자를 키우느라고 열대 우림을 베어 내고 있어. 팜유는 과자·아이스크림·초콜릿·식용유·화장품·비누 등의 원료로 쓰여. 세계적으로 팜유 소비가 더욱 늘어나는 데다가 인도네시아 경제에서 팜유 생산이 큰 부분을 차지하기 때문에 열대 우림 파괴는 쉽게 멈추지 않을 것 같아. 보르네오섬에는 전 세계 오랑우탄의 절반 이상이 살고 있는데 숲이 파괴되면서 위기에 내몰리고 있지. 아마존 열대 우

••• 기름야자

림도 빠르게 훼손되고 있어. 자원을 캐거나 소를 키우려고 대규모로 숲을 파괴하고 있지. 열대 우림 파괴는 그 나라에만 영향을 주는 것이 아니기 때문에 국제 사회의 걱정이 커지고 있어.

건기와 우기가 뚜렷한 사바나

열대 우림 지역의 남북으로는 사바나 기후가 띠처럼 둘러싸며 나타나. 1년 내내 비가 많이 오는 열대 우림 기후와 달리 사바나 기후는 우기와 건기가 뚜렷해. 몇 개월 동안은 집중적으로 비가 내리고 몇 개월은 비가 전혀 내리지 않아. 극단적으로 습윤한 우기와 메마른 건기가 반복되고 이 기후에 잘 적응할 수 있는 키 큰 풀들이 자라 초원을 이루지. 사바나는 나무가 없는 평야라는 뜻이래. 이곳에는 우산 모양 나무들이 드문드문 자라는데 긴 건기를 버틸 수 있는 물을 확보하려고 나무들 사이의 간격이 멀어.

풀이 무성한 사바나에는 코끼리·코뿔소·영양·얼룩말·누·가젤·기린 같은 초식 동물이 많아. 초식 동물이 많으니 사자·치타·표범 같은 육식 동물도 모여들지. 이곳은 광활한 초원을 배경으로 다양한 야생동물이 살고 있는 동물의 왕국이야. 건기가 오면 사바나의 동물들은 비구름을 쫓아 이동해. 풀이 바싹 마르고 강물도 말라 버릴 만큼 건조해서 한번 불이 나면 초원이 몽땅 불타 버리기 십상이야. 그러다 우기가 오면 순식간에 강물이 넘치고 죽은 것처럼 보이던 땅에서 풀이 쑥쑥 자라. 물을 찾아 떠났던 동물들도 다시 돌아오지. 사바나는 남아메리카와 남아시아, 오스트레일리아에도 있지만 아프리카의 사바나가 가장 넓고 유명해. 아프리카의 사바나는 대륙 서쪽의 세네갈에서 동쪽의 케냐까지 펼쳐지는데 풀과 작은 나무, 돌밖에 없어서 길을 잃기 쉽다고 해.

••• 아프리카의 사바나

파괴되는 지구의 허파, 아마존 열대 우림

열대 우림에서 가장 규모가 크고 널리 알려진 곳은 아마존 분지의 열대 우림이야. 아마존 분지는 서쪽의 안데스산맥, 북쪽의 기아나 고지, 남쪽의 브라질고원으로 둘러싸여 있어. 분지에는 아마존강이 굽이쳐 흐르며 드넓은 퇴적 평야를 만들어 놓았어. 브라질을 비롯해 수리남·가이아나·베네수엘라·콜롬비아·에콰도르·볼리비아·페루에 걸쳐 있는 아마존 분지는 면적이 약 750만 ㎢로 남아메리카 전체의 40% 정도를 차지해. 이 분지의 $\frac{2}{3}$ 이상을 열대 우림이 덮고 있지.

세계에서 가장 큰 숲인 아마존 열대 우림에는 키 큰 나무들이 하늘을 가릴 만큼 빽빽하게 자라고 덩굴 식물들도 뒤엉켜 있어. 식물이 약 80,000종, 어류가 1,500여 종 등 지구 생물의 $\frac{1}{5}$ 에 해당하는 24만 종이 살고 있다고 해. 열대 우림은 숲이 너무 빽빽하고 덩굴 식물까지 뒤엉켜 있어서 사람이 활동하기가 어려워. 게다가 맹독을 품은 거미와 곤충이 득실대고 강에는 사람의 몸 속에 들어가 피와 살을 먹는 물고기인

독화살개구리
분홍돌고래
피라냐
아나콘다

칸디루와 강한 이빨로 동물과 사람을 공격하는 피라냐가 살아. 세계에서 가장 큰 뱀인 아나콘다도 열대 우림에 숨어 있지. 사람에게는 몹시 위험한 숲이라서 열대 우림을 녹색의 지옥이라고도 해.

자연 조건 때문에 교류가 힘들다 보니 아마존의 원주민들은 각각 고립되어 생활해 왔고 개발도 어려웠어. 지금은 아마존 깊숙한 곳까지 현대 문명이 들어와 있지만, 아직 문명 세계와 접촉한 적이 없는 부족도 있다고 해.

브라질에서는 아마존 지역의 자원을 개발하고 농업과 축산을 발전시키겠다며 열대 우림을 파헤치고 있어. 아마존에 도로를 놓으려고 숲을 밀고 목재를 팔기 위해 나무를 잘라. 또 소를 먹이는 데 필요한 작물을 키우려고 열대 우림을 파괴하고 있어. 열대 우림까지 파괴해 가며 소를 키우는 이유는 세계적으로 고기 소비가 늘어났기 때문이야. 고기 소비가 늘어난 가장 큰 원인은 햄버거라고 해. 우리가 무심코 먹는 햄버거 하나가 지구 반대편 열대 우림에 영향을 주는 셈이야.

아마존 열대 우림은 어마어마한 규모로 산소를 만들고 오염 물질을 흡수해 걸러 내고 있어. 그래서 지구의 허파라고 불리기도 해. 그런데 숲이 파괴되니까 흡수되는 이산화탄소가 줄어들고 생산되는 산소도 줄어들어. 대기에 있는 이산화탄소가 늘어나는 거야. 열대 우림을 태울 때 나오는 연기도 대기의 이산화탄소를 늘어나게 하지. 이산화탄소가 늘어날수록 지구 온난화는 더 심해질 거야.

아마존 이름의 유래

아마존강의 이름을 그리스 신화 속 아마존 여전사에서 따왔다는 이야기가 있어. 처음 이 강을 탐험하던 유럽 사람들이 활을 가진 여인들에게 공격을 받았대. 그리고 그 모습에서 아마존 여전사를 떠올려 강에 이름을 붙였다는 거지. 하지만 원래 원주민들이 강을 부르던 이름이 아마주누였다고 해. 이름에는 거대한 파도라는 뜻이 담겨 있어.

거칠고
메마른 사막 기후

사막, 하면 끝없이 모래로 뒤덮인 땅이 먼저 떠오르지? 모래를 뜨겁게 달구는 강렬한 태양과 타는 듯한 갈증을 떠올릴지도 몰라. 그런데 어떤 지역이 사막으로 구분되는 가장 큰 조건은 모래나 더위가 아니라 건조함이야. 사막은 강수량이 아주 적은 곳을 말하고 기온은 높을 수도 있고 낮을 수도 있어.

연강수량이 500㎜ 이하면 건조 기후라고 하는데 그중에서도 250㎜가 안 되는 곳을 사막이라고 해. 개중에는 비가 몇 년에 한 번밖에 안 내리는 곳도 있어. 이렇게 건조하면 나무는 물론이고 풀도 자라기 힘들지. 그렇다면 나무가 자라기 힘들 만큼 건조한 기후는 왜 만들어질까? 그 원인으로는 기압의 상태나 기온 같은 기후 요소·지형·바다와의 거리·해류의 영향 등이 있어.

먼저 아열대 고압대에 사막이 만들어져. 지구의 공기가 순환할 때 위도 30° 일대에 고압대가 만들어진다고 했던 것 기억나지? 이 지역에서는 늘 고기압이 형성되어서 비가 오지 않는 건조한 날씨가 이어지지. 아프리카의 사하라

••• 사하라 사막(열대 사막)

사막, 아라비아반도의 룹알할리 사막, 오스트레일리아의 그레이트빅토리아 사막이 이렇게 만들어졌어. 저위도의 더운 지역에 있어서 이런 사막을 열대 사막이라고 해.

사막은 온대 기후가 나타나는 중위도 지역에도 있어. 중위도 지역의 사막은 대륙 내부라는 위치 때문에 만들어졌지. 바다에서 멀리 떨어져 있으면 수증기를 공급받는 데 불리해. 또 주변에 높은 산이 있으면 구름이 산에 부딪쳐 비를 뿌린 뒤 건조해진 공기가 넘어오니 비가 잘 내리지 않아. 이렇게 만들어진 사막을 내륙 사막 또는 온대 사막이라고 해. 내륙 사막은 대륙성 기후라서 기온의 연교차가 커. 연중 최고 기온은 열대 지역보다 높고 겨울에는 맹추위가 찾아오지. 여름에는 50℃까지 올라가고 겨울에는 영하 40℃까지 떨어지곤 해. 내륙 사막으로는 몽골의 고비 사막과 중국 서부의 타클라마칸 사막 그리고 중앙아시아 투르키스탄 사막과 미국의 모하비 사막 등이 있어. 고비 사막은 지구에서 가장 북쪽에 있는 사막이지.

한류의 영향으로 사막이 생기기도 해. 바다에서 습기 많은 공기가 상승해 구름을 만들기 쉬우니까 해안 지역은 비가 자주 내리는 편이야. 하지만

••• 타클라마칸 사막(내륙 사막)

한류가 흐르면 이야기가 달라져. 차가운 바닷물 때문에 공기가 식어서 가라앉으니까 비가 내리기 어렵지. 아프리카의 나미브 사막과 칼라하리 사막은 벵겔라 한류, 남아메리카의 아타카마 사막은 페루 한류의 영향으로 만들어졌어.

남극처럼 추운 사막도 있어. 너무 추워서 수증기가 증발하지 못하니 강수량이 적어져 건조한 기후가 된 거야. 남극에는 눈이 잔뜩 쌓여 있어서 강설량이 많다고 생각할 수 있지만 그건 수만 년간 쌓인 거야. 강수량을 생각한다면 남극은 틀림없는 사막이지.

사막을 모래땅이라고 생각하는 사람이 많아. 사막이라는 말의 사 자가 모래를 뜻하는 글자라서 그럴 거야. 하지만 실제로는 암석 사막이 가장 많고 그다음으로 자갈 사막이 많아. 모래사막은 별로 없어. 모래사막이 가장 많은 곳은 아라비아반도로 이곳 사막의 30% 정도가 모래사막이야. 사하라 사막은 10% 정도, 북아메리카에 있는 사막은 겨우 2%만 모래로 이루어져 있어. 사막은 지구 육지의 10% 정도를 차지하고 모든 대륙에 분포해 있어. 유일하게 유럽에만 사막이 없지.

사막에는 물이 없으니 대부분 지역에 사람이 살 수 없지만 유목민들이 풀과 샘을 찾아다니며 양과 염소, 낙타 같은 가축을 키워. 사막에도 드문드문 샘이 있는데 지하로 흐르던 물이 솟아나는 거야. 이렇게 사막에서 물을 구할 수 있는 곳을 오아시스라고 해. 오아시스에는 사람들이 모여서 마을을 이루고 농사도 지어. 또 나무가 우거진 곳에는 수만 명이 모여 도시를 이루는 거대한 오아시스도 있어. 오아시스는 먼 지역을 가려고 사막을 건너는 상인들

에게 중요한 곳이었어. 상인들이 오아시스를 따라 이동하니 자연스럽게 교역로가 이어지고 각지의 상품과 문화가 만나는 거점이 되었지.

짧은 풀이 자라는 스텝

사막 기후 주변에는 스텝 기후가 좁은 띠 모양으로 퍼져 있어. 스텝은 건조 기후에서 강수량이 사막보다는 많은 곳. 그러니까 500㎜는 되지 않지만 250㎜보다는 많은 곳이야. 기온은 위도에 따라 달라. 저위도의 열대 사막 주변에 있는 스텝 지역은 대체로 기온이 높지만 고위도의 내륙에 있는 스텝 지역은 기온이 영하 40℃까지 내려가기도 해. 스텝 지역에는 나무는 자라기 힘들어도 짧은 풀이 자라 초원을 이루지. 스텝은 원래 시베리아와 중앙아시아에 있는 초원을 일컫는 말이었어. 오늘날에는 오스트레일리아의 대찬정 분지, 우크라이나의 흑토 지대, 북아메리카의 프레리, 아르헨티나의 팜파스 같은 초원 지대를 아우르는 말로 쓰여.

중앙아시아·서남아시아·아프리카의 스텝 기후 지역에서는 유목을 주로 해. 우크라이나·미국의 그레이트 플레인스·남아메리카의 팜파스 등 강수량이 많은 지역에서는 농사지을 수 있어. 해마다 풀이 자라고 죽으며 양분을 주니까 땅이 기름져서 대규모 밀 농사와 목축이 이루어지지.

점점 커지고 있는 사하라 사막

세계에서 가장 큰 사막은 아프리카 북쪽에 있는 사하라 사막이야. 사하라 사막은 동서 길이가 약 5,600㎞, 남북 길이는 1,700㎞ 정도야. 아프리카 대륙의 30% 가까이 차지하는 규모지. 이집트·리비아·알제리·말리·모리타니 같은 나라들은 국토의 대부분이 사하라 사막에 있어. 사하라라는 이름은 갈색의 텅 빈 곳, 황야를 뜻하는 아랍어 사흐라에서 유래했어. 사막이라는 뜻의 이름을 가진 사막인 셈이지. 사하라 사막은 대부분 암석과 자갈로 이루어져 있어.

사하라 사막의 연평균 기온은 27℃야. 이 수치만 보면 약간 덥기는 해도 평범한 기온 같아. 하지만 낮에는 40~50℃까지 올라가고 밤에는 10~20℃까지 떨어지는 심한 일교차를 보여. 기온이 영하까지도 내려가기도 해. 그래서 사막을 여행할 때는 두꺼운 외투를 준비해야 해. 준비 없이 갔다가는 사막에서 얼어 죽을 수도 있어. 사막에서 일교차가 큰 이유는 공기 속에 수증기가 적기 때문이야. 열을 흡수하고 내보내며 기온을 조절해 줄 수분이 없어서 외부 변화에 따라 쉽게 뜨거워지고 식는 거야. 또 낮에 지표가 뜨거워졌을 때 그 열을 저장할 만한 숲이나 물이 없어서 해만 지면 빠르게 기온이 떨어져. 지표가 뜨겁게 달궈지고 차갑게 식기를 반복하니 암석은 쉽게 풍화되지.

사하라 사막도 한때 물이 넉넉하고 풀이 우거진 초원이었던 때가 있었다고 해. 약 4,000~7,000년 전에 기후 변화가 일어나 사하라 일대에도 비가 많이 내려 초원과 삼림이 울창했었대. 강과 호수에는 하마와 악어가 살고 초원에는 기린과 사자가 살았다는 이야기지.

그 사실을 보여 주는 증거가 타실리나제르고원에 있는 암벽화야. 타실리나제르는 알제리 동남부의 해발 1,500~2,000m 높이에 있는 고원 지대야. 이곳은 1년 내내 강한 햇빛과 거센

··· 낮에는 태양열이 공기와 땅을 뜨겁게 데운다!

··· 밤에는 열이 날아가 땅이 차갑게 식는다!

바람이 몰아치는 바위 지대로 풀 한 포기 자라기 어렵지. 그런데 강이 흘렀던 흔적이 곳곳에 남아 있고 암벽화에는 코끼리·물소·하마·기린·영양 등 지금은 사하라에서 볼 수 없는 동물들이 그려져 있어. 그림 내용이 시대에 따라 달라져서 환경 변화와 생활 모습을 짐작해 볼 수 있는데 기원전 1500년쯤부터 건조해지는 모습이 나타나기 시작해. 결국 일대가 사막으로 바뀌면서 사람들은 비와 풀을 찾아 남쪽으로 이동했지.

사막 주변으로는 짧은 풀이 자라는 스텝 지대가 이루어지는데 사하라 사막 남쪽의 스텝 지대는 사헬이라고 해. 사헬은 가장자리라는 뜻이야. 이 사헬 지역에 가뭄이 계속되며 사막이 넓어지고 있어. 1960년대 이후 인구가 증가하면서 양과 염소를 치는 사람이 늘어났고 농사짓는 면적도 넓어졌어. 사람의 간섭으로 초원이 황폐해진 데다 1970년대 이후에는 강수량까지 크게 줄면서 30년 이상 가뭄이 계속되고 있어. 사헬 지역에서는 해마다 제주도 넓이의 열 배 정도 되는 땅이 사막으로 바뀌고 있대.

••• 타실리나제르 벽화

겨울이 길고 추운 냉대, 1년 내내 추운 한대

　　기온을 기준으로 기후를 나누면 위도에 따라 일정하게 기후대가 달라져. 적도 부근에서는 가장 더운 열대 기후가 나타나고 중위도에서는 온난한 온대 기후가 나타나. 그리고 고위도로 올라갈수록 추워지며 냉대 기후와 한대 기후로 바뀌지.

　　냉대 기후는 가장 추운 달의 평균 기온이 영하 3℃ 이하이고 가장 따뜻한 달의 평균 기온이 10℃ 이상이야. 겨울이 길고 춥기는 해도 사계절이 있고 여름에는 비교적 따뜻해서 나무가 자랄 수 있어.

　　냉대 기후는 북부 유럽에서 러시아를 거쳐 태평양 연안까지 유라시아 대륙에 넓게 나타나고 캐나다 중남부 지역에도 나타나. 이렇게 대륙에 걸쳐 있는 냉대 기후는 연교차가 커서 여름에는 20℃ 이상 올라가고 겨울에는 영하 30℃까지도 내려가. 온대 기후 지역과 가까운 남부는 비교적 기온이 높고 농사짓기에 좋아서 사람이 많이 거주하고 북쪽으로 갈수록 사람이 적어져. 북부는 나무가 울창하게 자라는 세계적인 삼림 지대야. 이곳에서는 소나무·잣나무·전나무 같은 침엽수가 주로 자라고 있어. 냉대 기후 지역에 있는 대규모의 침엽수림을 타이가라고 해. 타이가에는 열대 지역처럼 나무 종류가 다양하지 않지만 나무가 곧게 뻗으며 자라. 건축·가구 재료로 쓰기 좋고 나무질이 연해서 종이나 휴지를 만드는 데 많이 쓰이지. 타이가는 나무 종류가 단순하고 열대림처럼 숲에 뒤엉켜 자라는 다른 식물이 없으니 벌목하기에는 훨씬 더 편해. 덕분에 타이가 지대에서는 목재 산업이 크게 발달했지.

냉대 기후보다 위도가 높은 곳에는 나무도 자랄 수 없을 만큼 추운 한대 기후가 나타나. 가장 따뜻한 달에도 평균 기온이 10℃를 넘지 않지. 한대 기후는 극지방에서 나타나. 극지방은 지구에서 태양 빛을 가장 적게 받는 지역이야. 차가운 공기 덩어리가 덮고 있는 데다가 특히 땅을 뒤덮은 눈과 빙하가 태양 빛을 대부분 반사해 기온을 더욱 떨어뜨려. 한대 기후는 가장 따뜻한

••• 타이가

달의 평균 기온이 0~10℃인 툰드라 기후와 0℃ 아래인 빙설 기후로 나뉘어.

툰드라는 얼어붙은 땅, 나무가 없는 땅을 뜻해. 1년 중 $\frac{2}{3}$ 이상이 눈으로 덮여 있고 땅 아래에는 영구 동토층이 있어. 그래도 여름에는 지표면이 녹아서 물웅덩이가 생기고 작은 개울이 흐르기도 해. 지의류, 이끼류가 자라 순록 같은 야생 동물의 먹이가 되고 작은 꽃들이 피기도 하지. 물론 겉에 있는 얼음만 녹고 땅속은 여전히 얼어 있어. 이런 곳에서는 식물이 깊게 뿌리를 내릴 수 없어. 북극해 주변의 러시아와 캐나다 지역, 그린란드 해안 지역이 툰드라에 속해.

툰드라에는 이누이트족·알류트족·유픽족·추크치족 등 다양한 민족이 살고 있어. 농사짓기가 어려워서 바다에 나가 물개와 고래를 사냥하고 순록을

툰드라 기후 빙설 기후

2. 지구의 다양한 모습을 만드는 기후

키우며 살아. 순록은 툰드라 지역 동물에서 유일하게 가축화된 동물이야. 알래스카처럼 현대 문명을 받아들인 곳에서는 주택도 현대식으로 짓고 이동 수단도 기계화되었지.

빙설 기후는 이름 그대로 얼음과 눈으로 가득한 기후야. 모든 것이 꽁꽁 얼어붙어 영구 동결 기후라고도 해. 남극 대륙과 그린란드의 내륙, 히말라야 같은 고산의 정상이 빙설 기후를 보여. 이곳에서는 공기가 매우 차갑고 무거워서 경사면을 타고 쉽게 흘러내려. 세찬 바람이 부는 거야. 수증기가 얼음에 갇혀 버리고 증발되지 않아서 강수량은 극히 적어. 어쩌다 눈이 내려도 일부만 다시 증발될 뿐 나머지는 모두 지표에 쌓여 얼음이 되지. 대륙 내부는 연 강수량이 80㎜, 해안가는 200㎜ 정도니까 강수량을 기준으로 하면 사막 기후인 셈이야. 그래서 빙설 기후를 달리 한대 사막 기후라고도 해.

얼음 땅 밑에 엄청난 자원이 묻힌 알래스카

눈과 얼음밖에 안 보이는 땅이 사실은 경제 가치가 높은 곳이라면 어떨까? 미국의 알래스카가 바로 그런 땅이야. 알래스카는 북아메리카 대륙의 북쪽 캐나다와 유라시아 대륙의 러시아 사이에 있어. 원주민 말로 거대한 땅을 뜻하는 알래스카는 실제로도 미국 면적의 $\frac{1}{5}$을 차지할 정도로 커.

알래스카는 미국이 러시아에게 사들인 땅이야. 러시아는 1856년에 크림 전쟁에서 패해 막대한 배상금이 필요해지자 알래스카를 미국에 팔았어. 720만 달러에 말이야. 알래스카는 절반 넘게 북극권에 속하고 5% 정도는 빙하로 덮여 있어. 면적은 넓지만 농사를 지을 수 없는 쓸모없는 땅처럼 보이지. 당시 이 협상을 성사시킨 미국의 국무장관은 쓸모없는 땅에 돈을 쏟아부었다며 엄청난 비난과 조롱을 받았다고 해. 그런데 30년도 되지 않아 알래스카에서 금광이 발견되었고 석유와 천연가스도 묻혀 있다는 사실이 밝혀졌어. 금과 석유를 채굴하려는 사람들이 몰려들면서 마을이 생기고 더 많은 주민이 이주해 왔지.

••• 알래스카

이곳에 군사 기지도 건설되었어. 알래스카는 베링 해협을 사이에 두고 러시아와 마주보는 곳이라 미국에게 군사적으로 매우 중요한 곳이야. 알래스카는 북극 개발의 전초 기지이기도 하지. 또 땅속 자원뿐 아니라 어업과 삼림 자원도 풍부해. 알래스카는 1959년에 미국의 49번째 주가 되었어.

알래스카가 미국 땅이 되기 전부터, 그전에 러시아가 차지하기 한참 전부터 이 땅에 살던 사람들이 있었어. 에스키모 혹은 이누이트라고 불리는 사람들이야. 이누이트는 17000~30000년 전쯤 유라시아 대륙에서 베링 해협을 건너온 사람들이야. 그 뿌리가 우리와 같은 몽골계라 생김새가 우리와 많이 비슷해. 남미 원주민들도 이들의 후손이라고 추측하고 있어. 이누이트는 알래스카와 캐나다 북부, 그린란드 북동부에서 시베리아 연안까지 북극권에 흩어져 살고 있어. 이누이트를 달리 에스키모라고 하는데 날고기를 먹는 사람이라는 뜻이야. 날고기를 먹는 모습을 보고 특이하게 생각한 외부인들이 붙인 이름이야. 날고기에는 익힌 고기와 달리 무기질과 비타민 C가 들어 있어. 채소를 구하기 힘든 지역에서 비타민을 보충하는 방법이지. 이누이트들은 오랜 세월 북극권에서 지내며 가혹한 기후에 적응해 왔어. 농사지을 수 없으니 순록을 키우고 바다표범과 고래를 잡으며 생활했어. 고기는 추운 날씨 덕에 상하지 않게 보관할 수 있었지. 고래와 바다표범의 기름으로 난방과 조명을 해결하고 배는 바다표범 가죽을 씌워 만들었어. 사냥감을 따라 이동하며 여름에는 가죽으로 만든 이동식 천막집에서 지내고 겨울에는 고래 뼈·흙·이끼 등으로 지은 움집에서 생활했어. 며칠씩 사냥하러 갈 때에는 얼음으로 이글루를 만들어 머물렀지.

지금은 마을에 거주하며 현대식 주택에 사는 이누이트가 많아. 미국과 캐나다의 이누이트들은 작살 대신 총을 쏘고 썰매 대신 스노모빌을 타고 다녀. 바다에서는 고래 가죽을 두른 배가 아니라 모터보트를 타고 말이야. 물론 여전히 전통 방식대로 생활하는 사람도 있어.

이글루

이글루는 아무 건축 재료도 없는 곳에서 집을 짓는 지혜로운 방법이야. 얼음이나 눈덩이를 벽돌 모양으로 만들어서 벽을 쌓아올린 뒤 둥그런 지붕을 만들어. 얼음 덩어리들 사이사이는 눈으로 막아. 집이 지어지면 안쪽 바닥에 물을 뿌리는데 표면을 매끄럽게 하고 열기를 보존하기 위해서야. 물이 얼면서 내보내는 열이 실내 온도를 올려 주거든. 그 위에 털을 깔아 열기를 보존하지.

3 독특하고 다양한 지형 둘러보기

끊임없이 바뀌는 지형

　지구 곳곳에는 다양한 지형이 있어. 이 지형들은 생기고 바뀌고 사라지기를 되풀이하고 있지. 그 시간이 워낙 길어서 사람이 사는 동안 그 변화를 보지 못할 뿐이야. 지형들은 어떻게 만들어지고 변할까?

　먼저 지구 안의 에너지가 작용해 대륙이나 산맥 같은 커다란 지형을 만들어. 화산 활동 같은 지각 운동도 눈에 띌 만큼 크게 땅 모양을 바꿔 놓지. 그런 다음 침식과 퇴적 작용이 일어나 자세한 모양을 만들어. 침식은 비·바람·열·추위·파도·강물 같은 자연 현상이 지표를 깎는 작용이야. 이때 지표에 노출된 암석이 부서져 흙으로 돌아가는 과정을 풍화라고 해. 지표를 구성하는 물질은 저마다 굳기가 달라서 어떤 것은 쉽게 깎이고 어떤 것은 서서히 부서져. 한 덩어리인 땅에서도 침식되는 정도가 다르다는 말이지. 퇴적은 모래나 흙 같은 작은 알갱이들이 쌓이는 작용을 말해.

　침식으로 암석에서 떨어져 나온 부스러기들은 하천을 타고 바다로 가서 쌓여. 이 퇴적물이 다져지고 굳어서 단단한 암석이 돼. 이것을 퇴적암이라고 해. 또 어떤 암석이든 압력과 열을 받으면 모양은 물론 성질까지 바뀌어. 이런 암석을 변성암이라고 해. 이 암석들 가운데 일부는 지각 운동으로 솟아올라 육지의 일부가 되기도 해. 나머지 일부는 깊은 땅에서 마그마가 되었다가 화산 폭발 때 분출하거나 땅속에 고인 채 식어서 굳어. 이렇게 마그마가 굳어서 된 암석을 화성암이라고 해. 지표에 드러난 암석은 다시 침식과 퇴적을 되풀이해. 이렇게 암석이 침식과 퇴적으로 모양과 성질이 바뀌며 순환하는 과정에서 지구에 있는 여러 지형이 만들어지는 거야. 개중에는 독특한 풍경으로 사람들의 시선을 끄는 곳이 많아.

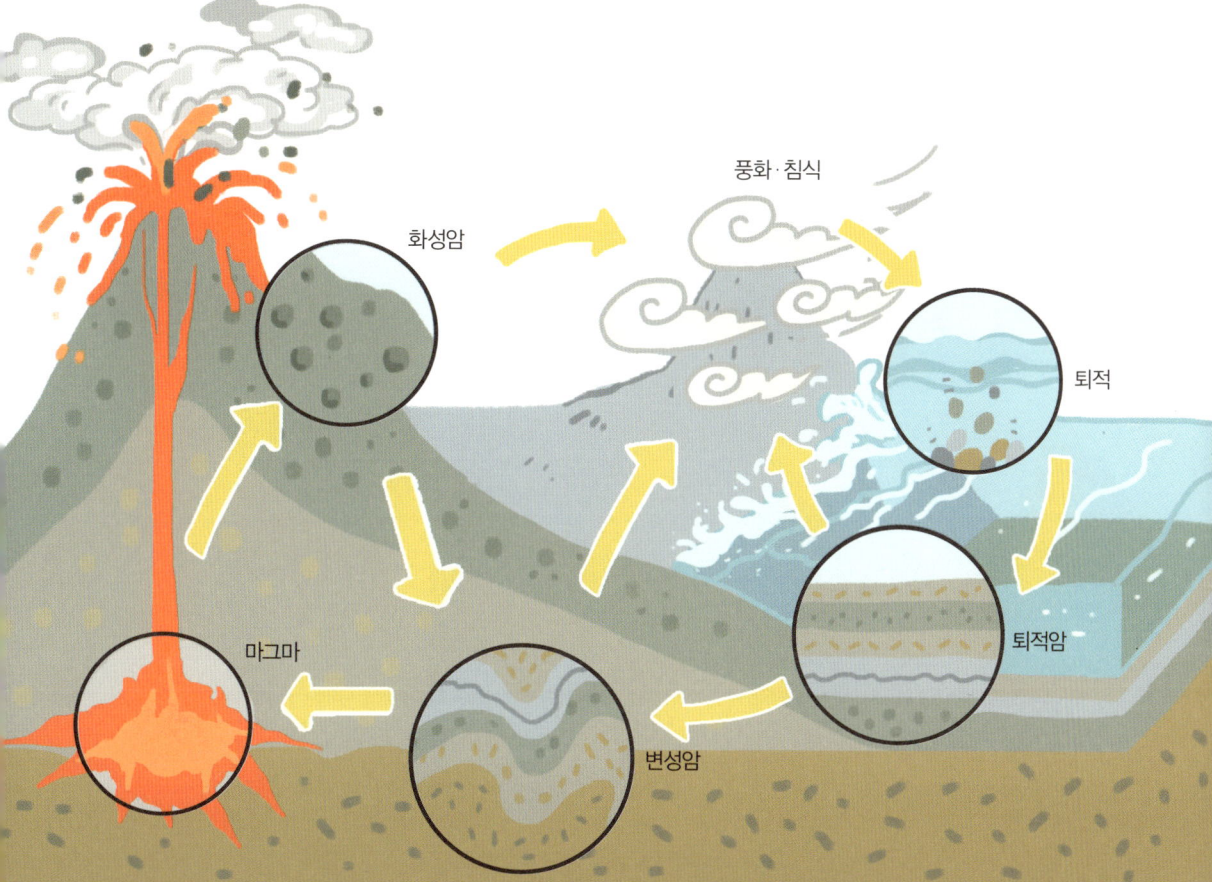

터키의 카파도키아도 그런 곳들 가운데 하나야. 카파도키아는 기묘한 모양의 바위들로 유명해. 버섯 모양인 듯 굴뚝 모양인 듯 묘하게 생긴 바위들이 늘어서 있고 그 바위에 구멍을 뚫고 사람들이 살고 있어. 이곳에서는 200~300만 년 전 화산 폭발로 많은 화산재와 분출물이 쌓여 두꺼운 응회암 층이 만들어졌어. 그 위로 용암이 다시 뿜어져 나와 넓게 퍼졌지. 용암이 식다 보면 부피가 줄면서 표면에 수많은 틈이 생겨. 이 틈으로 침투한 빗물이 침식과 풍화를 일으키며 계속 지층을 깎아 내려가다 보니 독립적인 바위기둥들이 남은 거야. 화산재가 엉겨서 만들어진 응회암은 잘 부서지는 성질이 있어. 그래서 사람들이 바위에 구멍을 뚫고 들어가 살 수 있었지.

••• 카파도키아의 버섯 바위

두 대륙에 똑같이 남아 있는 테이블 마운틴

    지구에는 지진과 화산 활동이 자주 일어나는 곳이 있는가 하면 오랜 세월 지각 변동이 없는 곳도 있어. 이렇게 안정된 땅은 오랫동안 침식만 받다 보니 완만하고 평평한 모양이야. 이런 땅이 옆쪽만 집중적으로 침식을 받았다고 생각해 봐. 옆쪽은 깎아지른 절벽이지만 정상은 평평한, 그야말로 탁자 같은 모습일 거야. 이런 지형을 생긴 모습 그대로 테이블 마운틴이라고 해. 남아프리카 공화국에 있는 테이블 마운틴이 가장 유명해.

    이곳의 테이블 마운틴(1,086m)은 좌우 길이가 3㎞쯤 되는데 정상 부분은 대패로 밀어낸 듯 평평하지만 비탈면은 몹시 가파른 절벽이야. 멀리서 보면 커다란 탁자가 놓여 있는 것 같은 모습이지.

    세계에서 가장 오래된 지층인 이 일대의 땅은 17억 년 전 바다 밑에서 작은 모래알들이 퇴적되어 만들어졌어. 바닷물에 잠겨 있던 땅이 지각 운동으로 솟아오른 뒤 지층에 생긴 틈을 따라 수직으로 깎이면서 가파른 절벽이 된 거야. 정상 부분은 바람과 비에 침식돼 평평해졌고 말이야. 테이블 마운틴은 높은 절벽 때문에 주변과 단절된 채 독립적으로 진화가 일어나 독특한 생태계를 이루었어. 실버트리나 킹 프로테아 같은 희귀 식물이 자라고 비비·케이프회색몽구스·사향고양이·스팅복 같은 동물이 살고 있어.

••• 남아프리카 공화국의 테이블 마운틴

남아프리카 공화국과 바다 건너 멀리 떨어진 곳, 남아메리카 대륙 북동부에도 테이블 마운틴이 있어. 이곳에서는 테이블 마운틴을 테푸이라고 불러. 남아프리카 공화국에서처럼 특정한 산을 부르는 이름이 아니라 테이블 모양 산을 일컫는 말이야. 테푸이는 원주민 말로 언덕, 산을 뜻해. 기아나 고지에 100개 넘는 테푸이가 늘어서 있는데 로라이마 테푸이(2,722m)와 악마의 산이라는 뜻을 가진 아우얀 테푸이(2,510m)가 특히 유명해. 세계에서 가장 높은 폭포인 앙헬 폭포가 바로 이 아우얀 테푸이 정상에서 쏟아져 내려.

　베네수엘라의 카나이마 국립 공원은 전체 면적의 65% 정도가 테이블 마운틴이야. 열대 우림에 우뚝 솟은 평평하고 커다란 테푸이들과 곳곳에 떨어져 내리는 물줄기들이 장관을 이루는 곳이지. 남아프리카 공화국의 테이블 마운틴처럼 이곳도 주변과 단절된 채 독특한 생물종이 살고 있어서 열대 우림 위의 섬이라고 불리기도 해.

　아프리카의 테이블 마운틴과 남아메리카의 테푸이는 두 대륙의 해안선이 일치하는 선을 따라 퍼져 있어. 이렇게 서로 다른 대륙에 같은 지질이 연달아 나타났다는 것은 대륙 이동설의 증거 중 하나야. 테이블 마운틴이 바로 그런 경우야.

••• 로라이마 테푸이　　　　　　　　　　　　　　　　　　　©Paolo Costa Baldi

흐르는 강물이 땅을 깎아서 만든 협곡

지형을 바꾸는 데에는 강물도 한몫하고 있어. 강물이 흐르며 땅을 깎아 내기도 하고 깎아 낸 부스러기들을 다른 곳으로 옮겨 새로운 땅을 만들기도 하거든. 물이 흐르다 구부러진 곳을 지나면 안쪽에서는 속도가 느려지고 바깥쪽에서는 빨라져. 속도가 느려지면 강물은 그동안 싣고 왔던 흙과 모래를 내려놓게 돼. 구불구불 흐르는 강을 보면 굽어진 안쪽에 쌓여 있는 자갈과 모래를 볼 수 있어. 이와 달리 바깥쪽으로 흐르는 물은 속도가 빨라진 만큼 힘도 세져서 땅을 더욱 세게 깎아 내. 옆쪽을 깎는다고 해서 이런 작용을 측방 침식이라고 해.

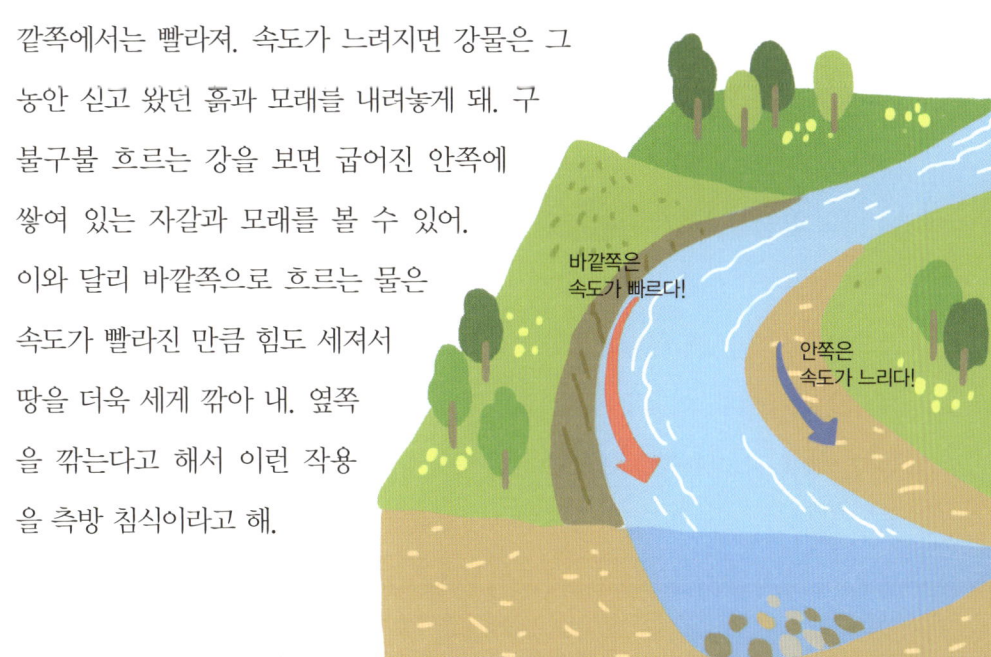

바깥쪽은 속도가 빠르다!

안쪽은 속도가 느리다!

••• 측방 침식

물은 흐르다 무른 땅을 만나면 아예 뚫고 지나가면서 물길을 바꾸기도 해. 흐르는 물은 바닥도 깎아내. 아래쪽을 향해서 침식을 일으키니 하방 침식이라고 불러. 물에 실려 있는 모래와 자갈 때문에 강바닥을 깎는 힘은 더 강해져.

강물은 바닥이 해수면과 같은 높이가 될 때까지 침식을 계속해. 지구는 해수면 높이에 맞춰 평평해지려는 성질이 있거든. 따라서 지반이 융기하거나 바다가 하강하면 낮아진 해수면에 맞추려고 강물의 침식이 더욱 활발해져. 같은 이유로 하류 쪽보다 고도가 높은 상류

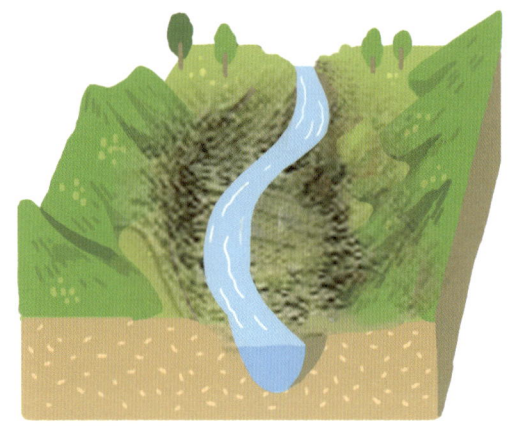

••• 하방 침식

쪽에서 하방 침식이 활발해. 그 결과 바닥이 집중적으로 깎여서 좁고 깊은 골짜기가 만들어져. 이렇게 폭이 좁고 양쪽 벽이 급하게 경사를 이루는 골짜기를 협곡이라고 하고 협곡에서도 특히 규모가 큰 것을 캐니언이라고 해.

콜로라도강이 만든 그랜드 캐니언

　미국 서부의 애리조나주에 있는 그랜드 캐니언은 협곡 지형을 볼 수 있는 대표적인 곳이야. 엄청난 규모 외에도 시시때때로 색상이 달라지며 만드는 아름다운 풍광 덕분에 많은 사람들이 찾는 명소가 되었어. 면적이 4,930㎢인 그랜드 캐니언은 미국에서 가장 큰 국립 공원이야. 제주도의 세 배 가까이 되는 규모를 자랑하지. 협곡 깊이는 평균 1,600m에, 가장 깊은 곳은 1,830m야. 협곡 길이는 447㎞로 서울에서 부산까지 가는 길보다 더 길어.

　그랜드 캐니언은 콜로라도강이 고원 지대를 가로지르며 만들어 낸 협곡이야. 콜로라도고원은 평탄한 땅이 지각 운동으로 서서히 솟아올라 만들어졌어. 땅이 높아지자 원래부터 그곳을 흐르던 강이 더욱 강하게 바닥을 침식해서 대협곡을 만들었지.

　그랜드 캐니언을 품은 콜로라도고원이 처음 만들어진 때는 20억 년 전이야. 땅이 오르내리며 바다가 되었다 육지가 되었다를 거듭하는 과정에서 현무암·전판암·석회암·셰일·사암 등 여러 암석이 켜켜이 쌓였어. 이 땅을 파고 내려갔으니 협곡 절벽에는 20억 년 동안 지질 시대의 순서대로 차곡차곡 쌓인 지층이 그대로 드러나 있어. 협곡 지층에서 고생대 생물의 화

 그랜드 캐니언 협곡

석이 발견되기도 했지. 그랜드 캐니언은 지구 역사가 고스란히 담긴 지질학의 교과서인 셈이야. 그랜드 캐니언의 지층들은 퇴적 시기에 따라 재질과 색이 다르고 침식되는 정도도 서로 달라. 이 암석들은 계절·시간·날씨·빛과 그림자 등에 따라 저마다 다른 색을 띠어 그랜드 캐니언을 다채롭게 만들고 있지. 수백만 년 동안 그랜드 캐니언을 조각해 온 콜로라도강은 지금도 협곡을 깎으며 하루 40만 톤에 달하는 흙과 모래를 운반하고 있어.

••• 콜로라도강

급경사를 이루며 떨어지는 폭포

물이 만드는 또 다른 지형으로 폭포가 있어. 폭포는 물이 흐르다 수직으로 떨어지는 곳이야. 달리 말하면 하천 바닥이 계단처럼 급격히 차이 나는 지형이지. 이런 지형이 만들어지는 이유는 꽤 다양한데 대부분은 차별 침식으로 생겨. 차별 침식은 무른 암석은 쉽고 빠르게 깎이지만 단단한 암석은 잘 깎이지 않는 작용이야.

폭포는 하천 바닥에 단단한 암석과 무른 암석이 함께 있는 곳에서 만들어져. 하천 바닥이 같은 성질의 암석이라면 일정하게 침식될 거야. 이와 달리 단단한 암석과 무른 암석이 만나는 곳에서는 무른 암석만 깎여 나가니 높이에 차이가 생기면서 폭포가 만들어지는 거지.

물은 흐르면서 바닥을 더 깊게 파 내려가기도 하고 옆면을 깎기도 하잖아? 폭포는 하천을 상류 쪽으로 침식하며 올라가. 어떻게 물이 흐르는 방향과 반대쪽으로 침식이 일어날까?

••• 폭포 침식이 진행되는 과정

　　폭포 아래에는 물이 떨어지는 힘 때문에 땅이 파여 물웅덩이가 생겨. 이 웅덩이가 점차 커지면서 윗단의 아래쪽 땅을 파내면 윗단에는 윗부분만 남아 있다가 무게를 이기지 못해 아래로 무너져 내려. 이 현상을 거듭하며 폭포는 상류 쪽으로 후퇴하는 거야. 폭포가 후퇴하는 속도는 물의 양에 따라 달라져. 물이 많을수록 깎는 힘이 강해지니까 그만큼 빨리 후퇴하겠지. 이렇게 무른 암석 위를 단단한 암석이 덮고 있는 땅에서 폭포가 빠르게 후퇴하는 모습을 잘 보여 주는 곳이 나이아가라 폭포야.

　　나이아가라 폭포는 캐나다와 미국 국경에 있는 나이아가라강에 있어. 오대호 가운데 이리호와 온타리오호 사이를 흐르는 길이 56㎞의 강이야. 나이아가라 폭포는 평균 낙차가 55m에 너비 1,240m로 세계에서 두 번째로 큰 폭포야. 강 가운데에 있는 고트섬을 경계로 캐나다 폭포와 미국 폭포로 나뉘는데 캐나다 쪽 폭포가 훨씬 커.

••• 나이아가라 폭포

　　오대호 일대는 오랜 세월 퇴적으로 만들어진 땅인데 침식을 받아 그중 일부가 급경사를 이루고 있어. 이 지역을 하늘에서 보면 미국이 캐나다보다 한 계단 위에 있는 듯 보인다고 해. 나이아가라 폭포는 바로 이 경사에 만들어진 폭포야. 폭포가 떨어지는 벼랑의 단면을 보면 아래쪽은 비교적 무른 이판암과 사암이고 그 위에 단단한 석회암이 덮여 있어. 물이 떨어질 때 벼랑 아래쪽의 무른 암석이 먼저 파헤쳐지고 위쪽의 단단한 부분은 돌출한 듯 남아 있다가 결국 허물어지지. 이런 식으로 나이아가라 폭포는 해마다 1m 정도씩 후퇴하고 있어. 지금의 위치도 12000년 전 처음 폭포가 시작된 곳에서 10㎞ 정도 이동해 온 곳이라고 해. 폭포가 침식되는 속도를 줄이려고 상류 쪽으로 1㎞ 지점에 댐을 건설해 수량을 조절하고 있어. 풍부한 수량을 이용해 전기도 만들고 있지.

가장 크고 웅장한 이구아수 폭포

세계에서 가장 큰 폭포는 브라질과 아르헨티나 국경에 있는 이구아수 폭포야. 두 번째로 큰 나이아가라 폭포와 세 번째로 큰 빅토리아 폭포를 합친 크기보다 더 커. 이구아수는 원주민 말로 거대한 물이라는 뜻인데, 그 이름처럼 웅장한 규모를 자랑하지. 폭포는 브라질 남동부 해안에서 발원한 이구아수강이 파라나고원의 가장자리를 흐르다가 산과 산 사이 협곡으로 흘러 들어가는 곳에 있어. 450~900m 정도이던 강폭은 아르헨티나 가까이에 오면 갑자기 3,000m 정도로 넓어지면서 얕은 호수처럼 바뀌어. 그러다가 80m 아래 협곡으로 쏟아지며 웅장한 폭포를 만들지. 폭포가 쏟아지는 아래쪽은 길이가 700m에 폭은 150m쯤 되는 U 자

••• 이구아수 폭포

모양 웅덩이야. 거대한 물줄기를 집어삼키는 모습 때문에 악마의 목구멍이라는 별명이 붙어 있어. 물이 쏟아져 내리는 소리가 어찌나 큰지 20㎞ 밖까지 쩌렁쩌렁 울릴 정도라고 해.

이구아수강이 흐르는 파라나고원은 현무암이 분출해서 만들어진 용암 대지야. 이 용암 대지에 단층 운동이 일어나 급경사가 생기면서 폭포가 만들어졌어. 파라나고원의 표면을 이루는 현무암층은 상대적으로 침식에 강하지만 그 아래에는 무른 암석이 있어. 이구아수 폭포도 나이아가라 폭포처럼 벼랑 아래쪽이 먼저 침식된 뒤 위쪽이 무너져 내리며 상류 쪽으로 후퇴하고 있지.

규모로는 이구아수 폭포가 으뜸이지만 가장 높은 곳에서 떨어지는 폭포는 앙헬 폭포야. 베네수엘라 열대 우림에 있는 폭포는 낙차가 무려 979m야. 테이블 마운틴인 아우얀 테푸이(2,510m) 꼭대기에서 물이 떨어져 내리지. 정상은 평평하고 옆면은 수직을 이루는 테이블 마운틴에서는 물이 흐르다 보면 가장자리에서 폭포로 쏟아질 수밖에 없어. 앙헬 폭포는 깊은 밀림 속에 있는 데다 주변에 높은 산들이 둘러싸고 있어서 접근하기 어려워. 게다가 워낙 높은 곳에서 물이 떨어지기 때문에 한눈에 폭포를 보기 어렵지.

••• 앙헬 폭포

평탄하게 이어지는 넓은 땅, 평원

높이 솟은 산도 없이, 울퉁불퉁한 기복도 별로 없이 평탄하게 이어지는 땅이 있어. 평평한 땅이 넓게 펼쳐지는 이런 지형을 평원이라고 해. 평야도 같은 뜻으로 쓰여. 평원은 육지 면적의 $\frac{1}{4}$을 차지해. 갠지스강 유역의 인도 대평원, 야생 동물의 낙원으로 불리는 아프리카의 세렝게티, 키 작은 풀이 무성한 북아메리카의 프레리와 남아메리카의 팜파스, 중앙아시아의 스텝 지대, 여름철 한때 이끼류가 자라 녹색이 되는 툰드라, 열차가 며칠 낮과 밤을 달려야 통과할 수 있는 시베리아 평원 등 지구 곳곳에 평원이 발달해 있지. 평원이 만

••• 아프리카의 세렝게티

들어지는 방법에는 쌓이거나 깎이거나 이 두 가지가 있어. 충적 평야 또는 침식 평야라는 말 들어봤지?

충적이란 흐르는 물이 흙과 모래를 운반해 퇴적시키는 작용이야. 충적 평야는 상류에서 하류로 가며 조금씩 달라져. 상류에서 급경사의 계곡을 흐르던 물이 갑자기 완만한 땅을 만나는 곳에는 선상지가 만들어져. 물이 흐르는 속도가 갑자기 느려지니까 흙과 모래가 가라앉으며 쌓이는 거야. 중류에서는 강물이 넘칠 때 모래와 흙이 함께 넘쳐서 충적지가 만들어져. 물이 범람해서 만들어지는 평원이라 범람원이라고 해. 하천 가까이에는 무거운 자갈과 모래가 쌓여서 둑처럼 되고 멀리 갈수록 미세한 흙이 쌓여. 인도 대평원은 갠지스강과 브라마푸트라강이 범람해서 만들어진 평원이야.

하구에서는 물이 바다와 만나 속도가

느려지면서 그동안 실어 온 퇴적물을 내려놓아. 대개 삼각형으로 땅이 만들어져서 삼각주라고 해. 인도 대평원을 만든 두 강이 바다로 흘르드는 하구에 세계에서 가장 큰 삼각주가 만들어져 있어. 나일강·메콩강·황허강 하류의 삼각주도 세계적인 규모를 자랑하지. 삼각주는 땅이 기름져서 대부분 세계적인 곡창 지대가 되고 있어.

침식 평야는 지표에 있던 산이나 바위 등이 깎여 나가 평탄해진 땅이야. 화산 활동이나 지진 같은 지각 변동 없이 안정된 땅에 하천·바람·빙하 등으로 침식 작용만 일어난 거야. 유럽 대평원, 시베리아 평원, 북아메리카의 중앙 평원, 남아메리카의 팜파스, 오스트레일리아의 중앙 평원 등이 침식 평야에 속해.

예부터 평원은 집을 짓거나 길을 만들기 좋아서 사람들이 많이 모여 살았어. 자연스럽게 농업이나 상업이 발달한 도시를 이루었지. 오늘날에도 세계 인구의 90% 가까이가 평원에 살고 있어. 물론 땅이 아무리 평탄해도 기후 조건이 불리하면 사람이 살기 힘들지. 유럽 대평원과 시베리아 평원을 생각해 보면 그 차이를 잘 알 수 있을 거야.

인도 대평원처럼 기온이 높고 비가 많이 오는 곳에서는 벼를 재배해 수억 명을 먹여 살릴 수 있어. 북아메리카의 프레리, 남아메리카의 팜파스, 유럽의 우크라이나 같은 온대 스텝 역시 대규모 밀 농사와 목축으로 곡창 지대 역할을 하고 있어.

북아메리카의 프레리는 동서 길이 1,000km에 남북 길이가 2,000km에 이르는 거대한 초원 지대야. 프레리는 이 지역을 덮고 있는 기름진 땅의 이름이지만, 이곳의 초원 지대를 가리키는 말이기도 해. 개척 시대 초기에는 목장으로 이용하다가 1870년대 이후 미국의 경제가 발전하고 철도가 놓이면서 오늘날에는 밀·옥수수·콩을 대규모로 재배하는 세계적인 농경 지대가 되었어.

　남아메리카의 팜파스는 브라질·아르헨티나·우루과이에 걸쳐 있는 초원 지대야. 팜파스는 원주민 말로 초원이라는 뜻이래. 처음에는 주로 양을 길렀는데 냉동선이 발명되어 외국으로 육류를 수출하면서 세계적인 소고기 생산 지역이 되었어.

　우크라이나의 흑토 지대는 유럽 최대의 곡창 지대야. 매년 새로운 풀이 자라고 죽어서 땅에 영양분을 주고 있어. 비까지 적게 내려 그 영양분이 쓸려 내려가지 않고 남아서 기름진 검은색 땅이 되었어. 소련에 속해 있을 때 식량의 절반을 생산해서 소련의 빵 바구니로 불렸대. 오늘날에는 유럽으로 밀을 수출하는 유럽의 빵 바구니 역할을 하고 있어.

••• 남아메리카의 팜파스

강물이 만든 인도 대평원, 화산이 만든 데칸고원

　인도는 아시아 대륙 남쪽에 인도양을 향해 삼각형으로 튀어나온 나라야. 인도반도라고 부르기도 하고 인도아대륙이라고 부르기도 해. 아(亞)는 버금간다는 뜻이야. 대륙에 버금갈 만큼 큰 땅덩어리라고 해서 아대륙이지.
　인도는 세계에서 일곱 번째로 넓어. 면적이 3,287,263㎢로 한반도의 열다섯 배쯤 돼. 인구는 중국에 이어 두 번째로 많은데 지금은 13억 6,000만 명이 넘어. 인도 북부에는 드넓은

평원이 펼쳐져 있어. 보통 인도 대평원 또는 인도-갠지스 평원이라고 하는 곳이지. 인도 북부와 파키스탄에 걸쳐 동서로 길게 펼쳐지는 평야 지대로 인도 면적의 $\frac{1}{3}$ 가까이 차지해. 인도에 속한 지역은 힌두스탄 평원이라고 구분하기도 해.

평원이 만들어지는 원리는 깎이거나 쌓이거나 이 두 가지라고 했지? 인도 대평원은 동쪽의 갠지스강과 브라마푸트라강, 서쪽의 인더스강이 범람하며 만들어진 충적 평야야. 강물에 실려 가던 모래와 흙 등 미세한 입자들이 홍수로 물이 넘칠 때마다 쌓이고 쌓여 두꺼운 충적토를 만들어 놓았어. 광활한 평원에 비까지 잘 내려 준다면 농사짓기에 더없이 좋을 거야. 인도 대평원의 동부는 강수량이 많지만, 서부로 갈수록 건조해져서 파키스탄과 만나는 지역에 타르 사막이 펼쳐져. 이 건조 지대를 빼고는 농사에 유리한 편이야.

여름에 비가 많이 오는 동부에서는 벼농사를 많이 짓고 건조한 서부에서는 밀 농사를 주로 지어. 파키스탄에서는 인더스강 근처에 관개 시설을 갖추어 밀과 목화 재배를 늘리고 있어. 땅이 평탄하니 교통이 편하고 비가 많이 와서 벼농사를 지을 수 있으니 인구가 많아지는 건 당연한 일이야. 이 기름진 땅에는 인도 인구의 절반이 넘게 살고 있어.

낮은 지대인 인도 대평원과 달리 인도 남부에는 평균 고도가 600m를 넘는 데칸고원이 펼쳐져 있어. 인도 대평원은 강물의 퇴적 작용으로 만들어졌지만 데칸고원은 현무암이 넓은 지역을 덮으며 만든 용암 대지야. 비교적 묽은 현무암이 흐르면서 굴곡을 메워 높고 평탄한 땅을 만들었지. 세계에서 가장 넓은 용암 대지인 데칸고원은 한반도 면적의 두 배가 넘고 용암 두께는 1,000~2,000㎞쯤이야. 데칸고원의 땅은 용암이 풍화돼 만들어진 흑토라 기름지고 물이 잘 빠져. 기온이 높고 비가 많이 내리는 데다가 일손도 풍부해서 세계적인 목화 재배지가 되었어.

••• 데칸고원

석회암이 물을 만나 만드는 카르스트 지형

암석은 물·바람·기온 차이 등으로 침식을 받는데 석회암은 특히 물에 잘 녹는 성질이 있어. 석회암은 따뜻하고 얕은 바다에 사는 산호·조류·조개류·완족류·암모나이트 같은 생물의 사체가 파도에 잘게 부서져 퇴적된 뒤 굳어진 암석이야. 이 생물들의 뼈나 껍데기에는 탄산칼슘이 많아서 석회암에도 탄산칼슘이 많이 들어 있어.

탄산칼슘은 물과 이산화탄소를 만나면 녹는 성질이 있어. 빗물이나 지하수에는 이산화탄소가 들어 있어서 석회암을 녹여 다양한 지형을 만들어 내. 이렇게 만들어지는 지형을 카르스트 지형이라고 해. 석회암이 물에 녹으면 철이나 알루미늄 같은 물질이 남아 산화되면서 땅이 붉

••• 석회암

··· 파묵칼레

은색을 띠어. 테라로사라고 하는 이 토양은 광물질이 풍부해서 기름지고 물이 잘 빠지는 성질이 있어. 석회암이 빗물이나 지하수에 녹아 움푹 파인 땅을 돌리네라고 해. 석회암이 물에 녹다 보면 상대적으로 단단한 부분만 남아. 작은 돌기둥이나 울퉁불퉁한 바위로 남기도 하고 제법 규모가 커서 언덕이나 봉우리로 남기도 해. 개중에는 여러 방향으로 물이 들어가 독특한 모양을 이루기도 하는데 그 특이한 경관은 훌륭한 관광 자원이 돼. 아프리카 마다가스카르의 칭기 협곡, 중국의 구이린(계림), 베트남의 하 롱 베이 등이 그런 곳이야.

석회암이 녹은 물 속의 탄산칼슘이 차곡차곡 쌓여 계단 모양을 만들기도 해. 터키의 명소 파묵칼레는 탄산칼슘이 있는 온천수가 오랫동안 산 위에서부터 흐르며 계단식 논처럼 된 곳이야. 파묵칼레는 목화의 성이라는 뜻이래. 멀리서 보면 하얀 목화송이를 쌓아 둔 듯하다고 해서 이런 이름으로 불려.

지하수가 있는 땅속에도 카르스트 지형이 발달해. 석회암 층에 있는 틈으로 지하수가 스며들면 암석을 녹여 통로를 만들어. 시간이 지날수록 이 통로는 점점 커져. 지하수가 더 아래쪽으로 흘러 새로운 물길을 만들면 기존의 통로는 동굴이 돼. 동굴에서는 물에 녹아 있던 탄산칼슘 성분이 조금씩 쌓여서 다양한 모양이 만들어져. 고드름처럼 동굴 천장에 매달린 종유석. 바닥에

3. 독특하고 다양한 지형 둘러보기

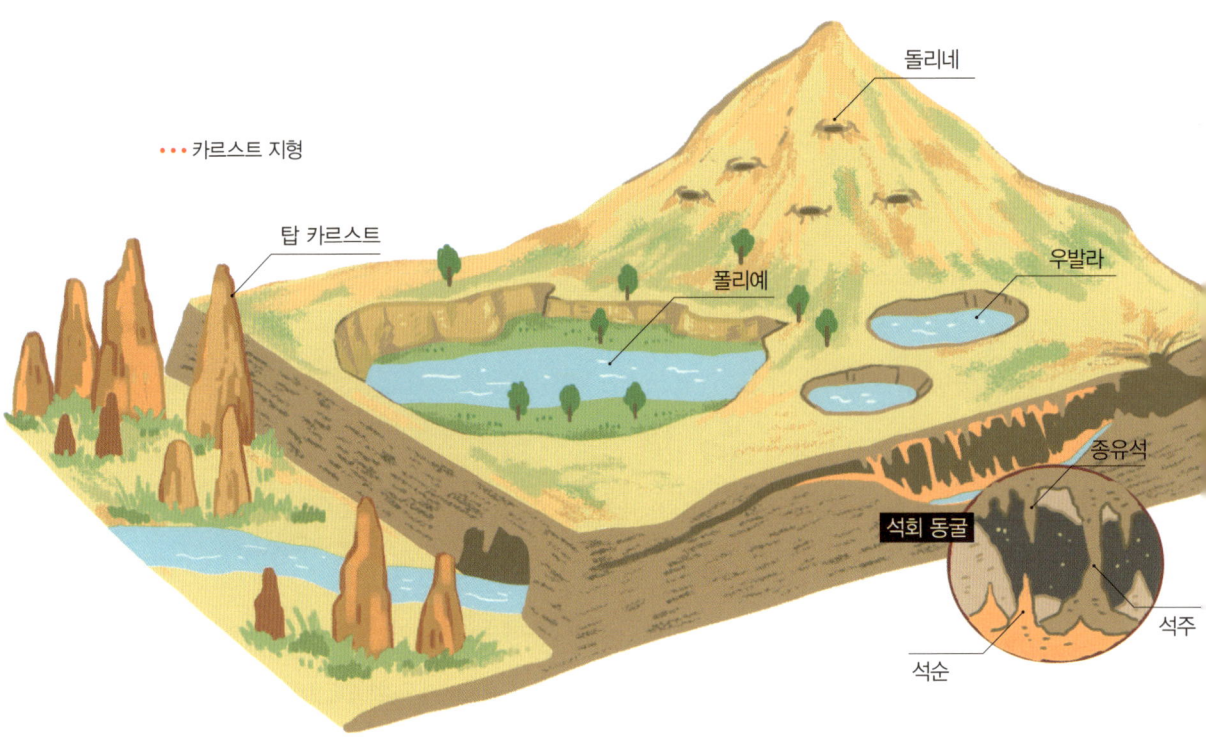

　서부터 죽순 모양으로 자라는 석순. 종유석과 석순이 만나 기둥이 된 석주. 동굴 곳곳에 혹처럼 자라는 동굴 산호. 경사진 벽면을 따라 주름 잡힌 천 모양으로 굳은 커튼 모양 종유. 흐르는 물 속의 탄산칼슘이 쌓여서 만들어진 계단. 이렇게 종류가 다양하지.

　카르스트 지형은 강수량이 많고 식물이 잘 자라는 열대 기후에서 잘 발달해. 땅 위에서는 빗물이, 땅속에서는 지하수가 석회암을 녹여. 빗물이 땅속으로 스며들 때 식물 뿌리에서 나오는 이산화탄소를 흡수하니까 더 잘 녹일 수 있거든. 건조 기후에서는 카르스트 지형이 만들어지지 않아. 건조 기후인데 카르스트 지형이 발달한 곳이 있다면 옛날에는 그곳에 비가 많이 내렸다는 증거야. 그 땅의 역사를 알려 주는 화석 같은 지형이지.

베트남 북부와 중국 남부의 석회암 지대

　석회암이 물에 녹다 보면 단단한 부분만 남는데 그중 탑 모양으로 솟은 봉우리를 탑 카르스트라고 해. 기온이 높고 비가 많은 열대 지역에서 잘 발달하지.
　베트남 북동부의 하 롱 베이는 탑 카르스트의 진수를 보여 주는 곳이야. 에메랄드 빛 바다에 2,000개가 넘는 석회암 섬이 떠 있고 곳곳에 석회암 동굴도 발달해 있어. 하 롱 베이 일대는 4~5억 년 전 적도 부근의 얕은 바다 속에 있던 땅이야. 바다 생물의 사체가 쌓여서 석회암이 만들어진 뒤 지각 변동으로 땅이 솟아올라 육지가 되었지. 바다 밑에서 엄청난 압력을 받고 있던 석회암은 지표에 드러나면 부피가 팽창하면서 곳곳에 금이 가. 이 틈을 따라 물

••• 베트남의 하 롱 베이

••• 구이린

••• 스린

이 스며들어 석회암을 녹이고 옆이나 밑에서도 동시에 침식이 일어나면서 기기묘묘한 모습의 바위들이 만들어졌어.

하 롱 베이의 절경을 만들어 낸 베트남 북부 석회암 지대는 중국 남부까지 이어져. 윈난·광시·구이저우 등 중국 남부에 나타나는 드넓은 석회암 지대는 하 롱 베이의 석회암 지대와 같이 만들어졌어. 광시성의 구이린은 하 롱 베이와 함께 탑 카르스트 지형의 대표로 꼽혀. 바다 위에 떠 있는 하 롱 베이와 달리 구이린은 리장강 주변의 충적 평야 지역에 있어. 하 롱 베이를 중국 구이린이 바다에 잠긴 모습 같다고 해서 바다의 구이린이라고 부르기도 해.

윈난성 동남부에 있는 스린도 카르스트 지형의 특징을 잘 보여 주는 곳이야. 물에 잘 녹는 부분이 먼저 씻겨 나가고 남은 다양한 높이의 돌기둥들이 늘어서 있어. 끝이 뾰족하고 커다란 돌기둥들이 가득 들어찬 모습이 마치 돌로 된 숲 같다고 해서 석림이라고 해.

빙하의 흔적이 남아 있는 지형들

　　눈이 쌓인 채 오랫동안 녹지 않고 거대한 얼음덩어리가 된 것을 빙하라고 해. 추운 날씨 때문에 눈이 녹지 않고 계속 쌓인 눈은 그 무게에 눌려서 일부분이 녹았다가 다시 얼어. 이 과정을 거듭하면 크고 단단한 얼음덩어리가 되지. 빙하는 남극 대륙과 그린란드 내륙에 대부분 분포해. 남극 대륙 동쪽에 있는 램버트 빙하는 길이가 400km에 폭이 40km에 이를 정도로 큰 규모를 자랑해. 알래스카처럼 북극과 가까운 지역, 남아메리카의 남극과 가까운 고위도 지역에도 빙하가 생겨. 이렇게 대륙의 일부를 넓게 덮는 빙하는 지표면의 높고 낮음과 관계없이 완만한 돔 형태를 이루고 있어. 지구에 있는 빙하의 95%는 이런 대륙 빙하들이지.

　　빙하는 고산 지역에서도 만들어져. 고산 지역도 기온이 낮아 눈이 녹지 않으니 계속 쌓여서 얼음 덩어리가 되는 거야. 고산 빙하는 높은 산지의 골짜기를 따라 만들어져서 그 길이가 짧게는 수십 km에서 길게는 수백 km까지야.

세계에서 가장 높은 산들이 모인 히말라야산맥에는 곳곳에 빙하가 발달해 있어. 아프리카 탄자니아에 있는 킬리만자로산도 정상에는 빙하가 덮여 있지.

무거운 빙하는 제 무게를 이기지 못하고 아래쪽으로 움직여. 내리누르는 힘에 빙하의 밑바닥이 녹으며 조금씩 아래쪽으로 미끄러지지. 빙하라는 말도 글자 그대로 풀면 얼음 하천이야. 강처럼 흐름이 눈에 보일 정도는 아니지만 빙하도 아주 느리게 흐르고 있어. 빙하에는 주위 암벽에서 떨어져 내린 암석·자갈·흙 같은 부스러기들이 섞여 있어. 엄청나게 무거운 빙하가 흐르면 이런 부스러기들까지 섞여서 땅을 깎아 내는 힘이 더욱 커져. 흐르던 빙하가 녹으면 부스러기들은 그 자리에 쌓이게 돼.

높은 산에서 빙하가 아래쪽으로 이동하다 보면 바닥과 옆면을 깎아 넓고 둥근 모양의 골짜기가 만들어져. 이 골짜기는 단면이 U 자 모양으로 생겼어. 골짜기 옆면은 수직에 가까운 절벽이지만 그 안쪽은 빙하가 가져온 돌과 흙이 쌓여 평평한 평야가 만들어지기도 해. U 자 계곡을 보면 봉우리 쪽이 말발굽

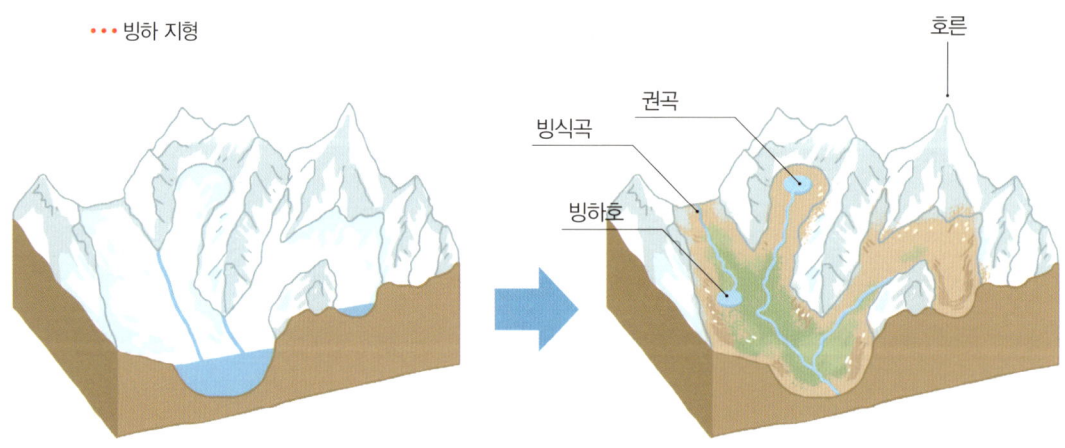

••• 빙하 지형

모양으로 움푹 파여 있어. 이런 계곡을 권곡이라고 하지. 권곡이 산 정상에서 사방으로 발달하면 봉우리가 뾰족한 모양으로 남아. 이런 봉우리를 뿔처럼 생겼다고 해서 호른이라고 해. 빙하가 발달한 알프스산 가운데 마터호른이나 베터호른처럼 ~호른이라는 말이 붙은 산이 많아.

오늘날, 빙하는 육지 면적의 10% 정도를 덮고 있어. 빙하기에는 $\frac{1}{3}$ 이상이

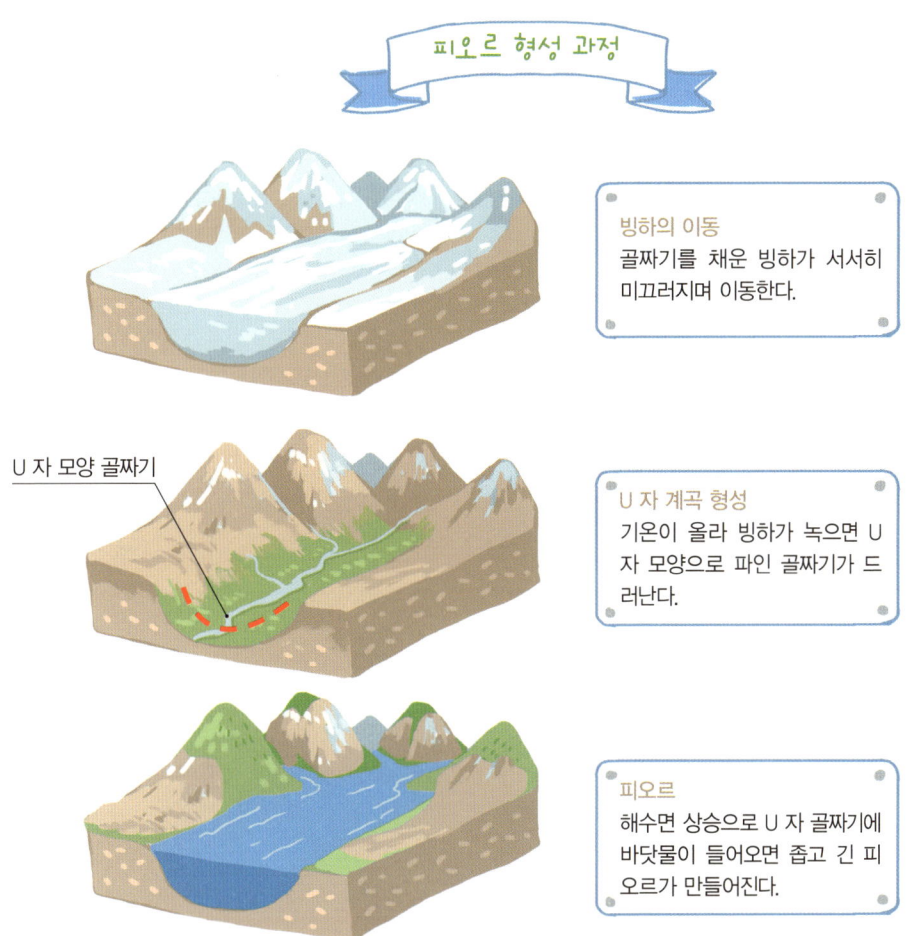

피오르 형성 과정

빙하의 이동
골짜기를 채운 빙하가 서서히 미끄러지며 이동한다.

U 자 모양 골짜기

U 자 계곡 형성
기온이 올라 빙하가 녹으면 U 자 모양으로 파인 골짜기가 드러난다.

피오르
해수면 상승으로 U 자 골짜기에 바닷물이 들어오면 좁고 긴 피오르가 만들어진다.

빙하로 덮여 있었대. 영국과 네덜란드 등 북서쪽 유럽과 시베리아 일대 그리고 미국의 동쪽 지방까지 빙하가 내려왔었지. 빙하기가 끝나자 일부 고위도 지역을 빼고 빙하는 녹아 없어졌지만 빙하의 침식과 퇴적 작용으로 만들어진 지형들이 흔적처럼 남아 있어.

유럽 대평원은 빙하기 때 만들어진 지형이야. 빙하기에 유럽 일대를 뒤덮었던 커다란 빙하가 산들을 깎아 버려 평탄해졌지. 산지나 평야의 우묵한 곳, 계곡과 하천 등은 무거운 빙하에 눌려 더 크고 깊게 파였어. 기온이 올라 빙하가 녹자 이런 땅들은 호수가 되었어. 바로 빙하가 만든 호수, 빙하호야. 북유럽의 핀란드에는 빙하호가 국토의 10%를 차지할 정도로 많아. 그래서 흔히 숲과 호수의 나라로 부르지. 핀란드를 그 나라 말로 수오미라고 하는데 호수가 많은 나라라는 뜻이야. 이웃 나라인 스웨덴과 노르웨이를 비롯해 캐나다·뉴질랜드·스위스·러시아처럼 고위도에 걸쳐 있는 나라에는 대체로 빙하호가 발달했어.

빙하기가 끝나고 해수면이 올라가자 바다 가까이에 있던 산지는 물에 잠겼어. 산지가 물에 잠기면 골짜기는 깊숙한 만이 되는데 빙하가 깎아 낸 U 자 계곡의 옆쪽은 가파른 벼랑이야. 이런 지형을 피오르라고 하는데 노르웨이 말

••• 빙하호

빙산의 일각

빙산은 빙하의 일부가 떨어져 나가 바다를 떠다니는 거야. 높은 산의 골짜기를 메웠던 빙하에서 떨어져 나온 빙산은 아이스크림콘을 뒤집어 놓은 모양이 많아. 대륙에서 떨어져 나온 빙하는 대체로 평탄해. 빙산이 물 위로 드러난 부분은 전체 크기의 10% 정도밖에 안 돼. 빙산의 일각만 보이지. 대부분이 감춰져 있고 일부분만 겉으로 나타날 때 빙산의 일각이라는 말을 쓰잖아? 빙산은 바다를 항해하는 배에게 큰 위협이야. 1912년, 영국에서 뉴욕으로 향하던 타이태닉호도 그린란드의 빙산과 충돌해서 침몰했어.

로 내륙 깊이 들어온 만을 뜻해. 피오르 해안은 드나듦이 복잡해서 해안선이 몹시 구불거려. 노르웨이를 비롯해 칠레 남부 해안·알래스카 남부 해안·캐나다 서부 해안·그린란드 남부 해안 등에 피오르가 발달했어. 특히 그린란드는 피오르 때문에 해안선의 길이가 40,000㎞나 된다고 해. 이는 지구 적도 둘레와 맞먹는 길이야.

••• 노르웨이의 피오르

피오르 지형을 잘 보여 주는 노르웨이 해안

　유라시아 대륙 북서쪽에는 큰 반도가 하나 튀어나와 있어. 노르웨이·스웨덴·핀란드가 있는 스칸디나비아반도야. 반도 서쪽의 노르웨이 해안선을 보면 좁고 긴 만들이 반복되며 몹시 구불거리는 모습을 볼 수 있어. 약 200만 년 전부터 여러 번 빙하로 뒤덮이며 침식을 받아 만들어진 해안이야. 피오르 지형이 어떤 것인지 잘 보여 주는 곳이지. 빙하가 만든 깊은 골짜기에 바닷물이 들어온 피오르는 강처럼 길고 좁은 형태야. 안쪽 지역은 수심이 매우 깊지. 세계에서 가장 긴 노르웨이의 송네 피오르는 길이가 200㎞ 정도이고 깊이는 약 1,200m야.

　피오르 해안이 발달하다 보니 노르웨이는 국토 면적보다 해안선이 무척 길어. 면적은 323,802㎢인데 해안선 길이는 지구 반 바퀴에 해당하는 20,000㎞쯤이거든. 노르웨이처럼 피오르가 발달해서 해안선이 길어진 곳은 캐나다에도 있어. 세계에서 가장 넓은 나라는 러시아

••• 노르웨이의 송네 피오르

지만 해안선 길이는 캐나다가 가장 길지. 아프리카 대륙은 그 반대야. 아시아에 이어 두 번째로 큰 대륙이지만 만과 반도가 거의 없어서 해안선은 다른 대륙보다 짧아. 노르웨이는 피오르 해안을 따라 수산업이 발달했어. 노르웨이는 중국에 이어 두 번째로 물고기를 많이 잡는 나라야. 또 구불구불한 피오르 안쪽은 바람과 파도의 영향을 덜 받아서 양어장을 만들기에 좋아. 노르웨이는 타이가 기후에 속하는 지역이라 침엽수림이 울창해서 임업도 발달했지. 이곳은 북위 50°에서 71° 사이에 있어서 북부가 북극권에 속해. 그런데 서해안은 북극권이라는 게 믿기지 않을 만큼 온난해. 가장 추운 달의 평균 기온이 1.2℃ 정도로 서울보다도 높아. 겨울에도 바다가 어는 일이 없어서 배를 운항할 수 있어. 같은 위도에 있는 얼음덩이들로 뒤덮인 베링 해협과 대조적이지. 이런 온난한 기후는 노르웨이 서쪽을 흐르는 멕시코 난류 덕분이야. 난류 때문에 해안이 내륙보다 따뜻해져서 항구 도시가 발달했어. 난류가 기후에 미치는 영향이 얼마나 큰지는 같은 스칸디나비아반도에 있는 핀란드와 비교해 보면 쉽게 알 수 있어. 핀란드는 대륙성 기후가 나타나서 겨울에는 영하 30℃까지 떨어지기 일쑤야. 호수가 두껍게 얼어붙어서 덤프트럭이 다녀도 끄떡없을 정도야.

노르웨이는 국토 대부분이 산악 지대인 데다 피오르가 발달해서 교통 발달에 어려움이 많아. 육지보다는 바다가 훨씬 이동하기 빠르고 편해서 배가 중요한 교통수단이지. 그래서 다른 나라보다 일찍부터 항해술이 발달했어. 뛰어난 항해술을 바탕으로 유럽은 물론, 아시아까지 진출했던 바이킹은 바로 이 지역 출신이야.

해안선이 복잡한 리아스식 해안

우리나라도 국토 면적보다 해안선이 긴 편이야. 서남 해안처럼 들쭉날쭉 복잡하고 섬이 많은 지형을 리아스식 해안이라고 해. 산이 많은 지역에 바닷물이 들어와 만들어졌는데 피오르 해안과 다른 점은 하천이 침식한 산지라는 거야. 빙하에 깎인 계곡은 U 자 모양이지만 하천에 깎인 계곡은 V 자 모양으로 서로 다르지.

3. 독특하고 다양한 지형 둘러보기 127

4 높고 낮은 세계의 여러 산

산은 어떻게 만들어질까?

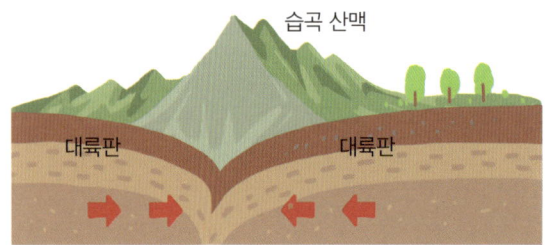

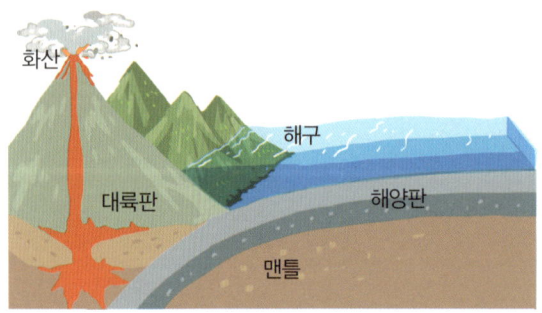

••• 대륙판과 대륙판, 대륙판과 해양판이 만났을 때 습곡 산맥이 만들어진다!

지형은 끊임없이 그 모습이 바뀐다고 했지? 산도 예외는 아니야. 시간이 지나면서 모습이 바뀌고 더 오랜 세월이 지나면 사라지는 과정이 꼭 사람의 일생 같아. 사람과 다른 점이라면 산은 처음 만들어졌을 때 가장 크고 시간이 지날수록 점점 작아진다는 점이야. 우리 동네 뒷산도, 세계에서 가장 높은 에베레스트산도 이런 과정을 거쳐. 그렇다면 산은 처음에 어떻게 만들어질까?

지구 표면은 여러 개의 판으로 되어 있다고 했던 거 기억하지? 이 판들이 끊임없이 움직인다는 사실도 말이야. 판들이 움직이다 보면 서로 부딪치는 일이 생겨. 이때 두 판끼리 서로 미는 힘이 비슷하면 그 압력 때문에 지층이 물결 모양으로 휘어지며 솟아올라. 이렇게 판끼리 부딪쳐서 만들어지는 산맥을 습곡 산맥이라고 해. 히말라야·알프스·안데스 같은 세계적인 산맥들이 대부분 이렇게 만들어졌어.

지각이 움직여 습곡 산맥을 만드는 것을 조산 운동이라고 해. 말 그대로 산을 만드는 움직임이야. 조산 운동은 판과 판의 경계를 따라 일어나. 그래서

조산 운동이 일어나는 곳은 띠 모양으로 분포하는데 이곳을 조산대라고 하지. 가장 대표적인 조산대는 환태평양 조산대와 알프스·히말라야 조산대야.

두 판이 부딪쳤을 때 한 쪽이 더 가볍다면 다른 판의 밑으로 들어가. 밑으로 들어간 판의 암석은 녹아서 마그마가 되었다가 지각에서 약한 틈으로 솟구쳐 올라. 이게 바로 화산 폭발이야. 화산 활동이 육지가 아니라 해저에서 일어나면 섬이 만들어져. 화산이 일어나는 지역 역시 판의 경계를 따라 분포해서 화산대라고 해. 대개는 조산대, 지진대와 일치하지.

히말라야는 생긴 지 얼마 안 됐어. 이렇게 젊은 산일수록 높고 험해.

산은 시간이 지나면서 비와 바람, 빙하 등으로 풍화와 침식을 겪으며 낮아지고 완만해져. 히말라야나 알프스처럼 높고 험한 산들은 생긴 지 얼마 되지 않아서 아직 침식이 덜 되었지. 중생대 말에서 신생대에 걸쳐 조산 운동이 활발할 때 만들어진 산들이거든. 이 산맥들보다 앞서 만들어진 산맥들은 많이 깎여서 낮아져 있어. 아시아와 유럽의 경계인 우랄산맥은 고생대에 두 대륙이 충돌해서 만들어졌어. 현재는 1,000~2,000m 높이의 완만한 산이지만 처음 생겨났을 당시에는 높고 험했을 거야. 중앙아시아의 알타이산맥과 오스트레일리아의 그레이트디바이딩산맥, 미국의 애팔래치아산맥도 오래된 산맥들이야. 이 산맥들은 앞으로도 계속 깎여 나갈 거야. 그러다 땅이 평평해지겠지. 그 과정에서 침식과 풍화 작용으로 깎여 나간 부스러기들은 강물에 실려 바다로 갈 거야. 그리고 얕은 바다에 퇴적되었다가 조산 운동이 일어날 때 다시 솟아오르지.

> 우리나라는 오래된 땅이야. 산들이 완만하고 정상부가 평평한 산도 많아.

유럽 안의 경계선 역할을 하는 알프스산맥

알프스산맥은 중생대 말에서 신생대에 걸친 시기에 아프리카판과 유라시아판이 충돌해 만들어졌어. 이 정도면 지구에서 꽤 젊은 산맥에 속해.

알프스는 희고 높은 산이라는 뜻이야. 유럽 남서쪽 제노바만에서 프랑스와 이탈리아 국경, 스위스를 지나 오스트리아의 빈까지 이어지지. 산은 1,200㎞ 길이에 평균 해발 고도는 2,000m 정도야. 가장 높은 봉우리는 몽블랑(4,807m)이야. 프랑스 말로 하얀 산이라는 뜻이지. 정상에 1년 내내 눈이 쌓여 있어서 이런 이름으로 불려.

기온이 많이 내려갔던 빙하기에 알프스 지역은 빙하로 덮여 있었어. 이때 빙하의 침식 작용으로 만들어진 지형들을 볼 수 있지. 빙하가 흘러내리며 계곡을 긁어내서 만든 U 자 계곡과 정상 부분이 뾰족한 뿔 모양으로 침식된 호른이 흔히 보여. 알프스의 봉우리 이름에는 마터호른을 비롯해 베터호른, 바이스호른처럼 호른이 많이 붙어 있어. 제네바호(레만호)·취리히호·보덴호·뇌샤텔호 같은 호수들도 빙하가 만든 지형이야. 알프스산맥에는 지금도 빙하가

••• 알프스산맥

1,200여 개나 있어. 이 빙하들이 녹아 라인강이나 론강 같은 여러 강의 발원지가 되기 때문에 알프스는 유럽의 워터 타워라고 불리기도 해.

    높은 산지는 지역끼리의 교류를 방해해 문화권을 나누는 경계가 되는 일이 많아. 왕래가 힘들다 보면 자연스럽게 문화도 달라지거든. 알프스산맥은 유럽 중남부에 동서로 길게 뻗어 있어서 북쪽의 유럽 대평원과 남쪽의 지중해 연안을 구분하는 경계선이 되고 있어. 자연적으로 생긴 계곡과 산길이 많아서 히말라야산맥처럼 거대한 장벽은 되지 않아. 하지만 높은 산을 넘나들기 어렵기는 마찬가지야. 지금은 교통 발달로 문화적 경계선이 거의 사라졌지.

    알프스에는 봄이면 남쪽에 있는 지중해에서 촉촉하고 따뜻한 바람이 불어와. 이 바람은 알프스산맥에 막혀 상승하면서 구름을 만들어 비를 내려. 비를 뿌린 뒤 건조해진 공기가 반대쪽으로 넘어가면 고온 건조한 바람이 불어. 이렇게 습윤한 공기가 산을 넘으면서 고온 건조한 바람으로 바뀌는 현상을 푄이라고 해. 뜨거운 불을 뜻하는 고트어 폰에서 비롯한 말이지. 우리나라에서는 이런 바람을 높새바람이라 하고 로키산맥 인근에서는 치누크라고 해.

가장 높은 산들이 모여 있는 히말라야

　히말라야산맥에는 세계에서 가장 높고 험한 산들이 모여 있어. 이 산맥은 인도 북쪽 카슈미르에서 티베트고원 남쪽까지 동서 2,400㎞ 길이로 이어지고 폭은 200~400㎞에 이르는 어마어마한 규모를 자랑해. 북쪽은 티베트고원과 이어져 높이 차이가 크지 않아. 이와 달리 남쪽은 몹시 가파른 경사를 이루며 힌두스탄 평원과 이어져 있어. 히말라야의 산들은 워낙 높아서 늘 눈으로 덮여 있어. 히말라야는 눈을 뜻하는 히마와 집, 거처를 뜻하는 알라야가 더해진 말이야.

　내로라하는 산들이 모인 히말라야에서 으뜸인 산은 해발 8,848m인 에베레스트야. 지구에서 가장 높은 산이지. 네팔과 티베트고원 사이에 있는 에베레스트산은 원래 네팔에서 사가르마타라고 불렀대. 티베에서는 초모랑마라고 했어. 두 이름 모두 세계의 여신, 우주 만물의 어머니라는 뜻이야.

하늘을 찌를 듯이 높게 솟은 이 산에 놀랍게도 석회암이 분포해 있어. 게다가 조개와 삼엽충의 화석이 발견되기도 해. 구름 위로 솟을 만큼 높은 산 위에서 조개 화석이 나오다니 어떻게 된 일일까? 히말라야산맥이 생겨난 과정에 그 답이 있어. 히말라야산맥은 유라시아판과 인도판이 부딪치며 만들어진 습곡 산맥이야. 오래전에는 인도가 남위 20~40° 지역에 있었는데 7000만 년 전 북쪽으로 이동해서 5000만 년 전 유라시아 대륙과 충돌했어. 그 충격으로

••• 에베레스트산

••• 카라코람산맥

두 판의 가장자리가 으깨지며 히말라야산맥이 솟아올랐지. 지금도 인도판이 유라시아판 아래에서 움직이고 있어서 이 지역에는 지진이 자주 생기고 에베레스트산은 해마다 몇 ㎝씩 높아지고 있어.

히말라야는 주변 지역의 기후에도 크게 영향을 미쳐. 겨울에는 북쪽의 찬 공기가 이 산맥을 넘지 못하고 여름에는 남서풍이 북쪽으로 올라가지 못해. 시베리아에서 불어오는 겨울철 찬 공기를 히말라야산맥이 막아 준 덕분에 인도는 온화한 기후를 보여. 여름에는 인도양에서 불어오는 습한 계절풍이 산맥에 부딪혀 비를 뿌리지.

히말라야산맥 서쪽에는 카라코람산맥이 웅장하게 솟아 있어. 에베레스트산에 이어 두 번째로 높은 케이투봉(8,611m)을 품고 있는 산맥이지. 8,000m가 넘는 산은 히말라야산맥에 더 많지만 7,000m를 기준으로 하면 카라코람산맥에 높은 산이 더 많아. 카라코람산맥은 인더스강을 사이에 두고 히말라야산맥과 떨어져 있어. 지리적으로나 지질학적으로 큰 차이가 없어서 넓은 의미로 볼 때는 카라코람산맥까지 함께 히말라야라고 일컫기도 해. 두 산맥에는 세계 50위권에 들어가는 높은 봉우리들이 거의 다 포함되고, 100위권 봉우리들도 상당히 많아.

히말라야 인근에는 힌두쿠시산맥, 파미르고원과 더불어 쿤룬산맥, 티베트고원, 톈산산맥 등 고산준령들이 즐비해. 7,000m를 넘는 산들은 전 세계에서 이 지역에만 있을 정도야. 그야말로 세계의 지붕인 셈이지.

지구에서 가장 높은 산들

산이든 들판이든 지표면의 높이를 나타낼 때는 해발을 사용해. 해수면을 0m로 봤을 때의 높이지. 땅이 해수면에서 얼마나 높이 솟았는지가 기준이 되는 거야. 에베레스트산의 높이인 8,848m 역시 해수면을 기준으로 계산한 높이야. 바다 위로 보이는 부분이 아니라 해저에서부터 높이를 재면 하와이의 마우나케아산(해발 4,025m)이 10,203m로 가장 높아. 더 깊이 들어가서 지구 중심부터 재면 에콰도르의 침보라소산이 가장 높다고 해. 침보라소산은 해발 높이가 6,310m이지만, 지구 중심부터 재면 6,384.45km로 6,382.25km인 에베레스트산보다 약간 높아.

히말라야 고산 지대에 적응한 셰르파족

　네팔은 히말라야의 고산들을 배경으로 자리 잡은 나라야. 지구에서 가장 높은 산들을 말할 때 흔히 8,000m가 넘는 산 열네 곳을 꼽는데 네팔에는 에베레스트산을 포함해 여덟 곳이 있어. 이 고산들이 네팔 북부에 있고 남부에는 힌두스탄 평원을 따라 좁고 긴 평지가 있어. 인구 대부분은 이곳에 몰려 있지. 세계적인 고산을 오르기 위해, 또 웅장한 자연의 모습을 보기 위해 네팔을 찾는 사람이 많아. 이 사람들을 위해 길을 안내하거나 짐을 옮기는 사람들을 흔히 셰르파라고 해. 셰르파는 등산 안내인이라는 뜻으로 많이 쓰지만 정확히는 네팔 국민을 구성하는 여러 부족 가운데 하나인 셰르파족을 말해. 네팔에는 70여 부족이 있는데 대개는 다른 부족과 섞이지 않고 각자의 풍습과 전통을 이어 가고 있어. 셰르파족은 500여 년 전 티베트에서 히말라야산맥을 넘어와 네팔 고산 지역에 정착했어.

　높이 올라갈수록 산소가 부족해져서 보통 사람들은 고산 지대에 가면 어려움을 겪어. 에베레스트산 정상은 산소가 평지의 $\frac{1}{4}$밖에 되지 않는다고 해. 두세 발자국만 걸어도 평지에서 100m 달리기를 한 느낌이지. 그래서 정상에 오를 때 대부분 산소 호흡기를 사용해. 산 정상까지 가지 않더라도 보통 사람들은 두통과 구토에 시달려. 심하면 정신을 잃고 감각 기관에 이상이 오기도 해. 산소가 부족해서 나타나는 이 증상을 고산병이라고 해. 고산 지대에 적응한 셰르파족은 끄떡없이 활동할 수 있어. 이들은 히말라야의 자연환경과 지리에 밝아서 여행자들에게 더없이 중요한 안내자이지. 특히 히말라야의 고산에 도전하는 전문 등반가들에게 큰 도움을 주고 있어. 단순히 짐 옮기기뿐만 아니라 전반적인 준비 상황을 점검하고 어떤 루트로 어느 시간에 올라갈지 등을 조언해 줘. 세계 최고봉을 오르는 사람들 곁에는 늘 셰르파족이 함께 있지.

기후가
달라지는 높은 산

 히말라야처럼 높은 산들은 늘 흰 눈에 덮여 있어. 산 아래가 여름이든 겨울이든 관계없이 산 위는 1년 내내 눈에 덮인 모습이야. 아프리카 케냐의 킬리만자로산은 열대 부근에 있는데도 만년설에 덮인 모습이지. 산기슭에는 야생 동물들이 뛰어다니는 열대 초원이 펼쳐지는데 말이야.

 공기는 고도가 올라갈수록 차가워지잖아? 100m를 올라갈 때마다 평균 0.65℃(0.4~0.7℃) 낮아진다고 해. 히말라야는 남쪽 기슭이 열대성이지만 위로 가면서 식생이 온대·냉대성으로 바뀌고 4,000m 이상에서는 한대성으로 바뀌어서 나무가 자라지 못해. 5,000m 이상 높아지면 눈과 얼음뿐인 빙설 지대가 나타나지. 지구에서 위도에 따라 나타나는 기후대가 고산에서는 수직으로 나타나는 셈이야. 달리 말하면, 한 지역의 기후는 위도에 따라서도 달라지지만 해발 고도에 따라서도 달라진다는 뜻이야.

 적도 부근은 위도상 열대 기후가 나타나는 위치지만 고산 지대에서는 온

화한 기후가 나타나지. 적도 바로 밑에 있는 아프리카의 우간다는 고원 지대에 있어서 기온이 온화하고 연교차가 작은 편이야. 케냐의 수도 나이로비도 고도 1,700m의 고원 지대에 있어서 연평균 기온이 19℃ 정도야. 7월 최고 온도가 23℃에 머물고 낮을 때는 10℃까지 내려가는 날도 있어. 이렇게 고도가 높은 곳에서 나타나는 연중 온화하거나 서늘한 기후를 고산 기후라고 해. 고산 기후 지역은 사람이 살기 좋아서 도시 발달에 유리해. 휴양지로 개발되기도 하지. 멕시코는 인구 대부분이 수도 멕시코시티를 비롯한 고원 지대에 분포해 있어. 북부에는 뜨거운 사막이 있고 남부에는 열대 우림이 있어 사람이 살기 어려워.

남아메리카에서는 안데스산맥을 따라 고산 도시들이 발달했어. 콜롬비아의 보고타와 에콰도르의 키토 그리고 페루의 쿠스코와 볼리비아의 라파스 등이 고산 기후에서 발달한 도시들이야. 고지대는 기온이 적당하지만, 햇빛이 많이 내리쬐이고 자외선이 강해. 멕시코고원이나 안데스 산지의 사람들은 강한 햇빛을 피하려고 챙이 넓은 모자를 쓰고 있어. 기온이 쌀쌀하니까 짐승 털로 만든 옷을 겹겹이 입고 무릎까지 내려오는 망토를 두르지.

국제 축구 경기가 금지된 도시

볼리비아는 저위도에 있는 나라지만 국토 대부분이 지대가 높아서 기후가 서늘해. 수도 라파스는 해발 3,600m에 자리 잡고 있지. 세계에서 가장 높은 곳에 있는 수도야. 라파스 같은 고산 도시에서는 국제 축구 경기를 할 수 없어. 고산 지대는 산소가 부족해서 다른 나라에서 온 선수들이 불리하기 때문이지. 국제 축구 연맹(FIFA)에서는 해발 2,500m 이상 되는 곳에서는 국제 경기를 금지하고 있어.

4. 높고 낮은 세계의 여러 산

절벽 위의 고대 유적지, 마추픽추

남아메리카에서는 기후가 온화한 고산 지대를 중심으로 문명이 발달했어. 멕시코고원의 아즈텍 문명과 멕시코-과테말라 고산 지대의 마야 문명, 페루와 볼리비아 고산 지대의 잉카 문명 등 여러 문명이 16세기 스페인에게 침략을 당하기 전까지 흥망성쇠를 거듭했지.

아즈텍 문명

마야 문명

잉카 문명

이 가운데 잉카는 지금의 페루를 중심으로 에콰도르·볼리비아·아르헨티나·콜롬비아에 이르는 넓은 땅을 다스린 대제국이었어. 화려한 잉카 문명은 발달한 농업을 기반으로 발전했어. 완만한 땅은 물론이고 비탈진 땅에는 계단식 농지를 만들어 농사지었어. 땅이 비탈지더라도 계단식으로 밭을 만들면 땅이 쓸려 내려가는 걸 막을 수 있어. 농업용수를 공급하려고 인공 수로를 만들기도 했지.

잉카의 건축술은 높은 수준을 자랑해. 정교한 솜씨로 신전과 피라미드 등을 지었고 수천 개의 돌로 쌓은 성벽은 어찌나 치밀한지 돌 틈에 면도칼 하나 들어갈 수 없을 정도야. 해안과 안데스산맥을 따라 복잡한 도로망도 갖추었는데 이때 만들어진 도로를 지금도 사용하고 있어. 무엇보다 바퀴도 없이 이런 문명을 이루었다는 사실이 놀라운 점이지.

잉카에서는 문자 대신 키푸를 썼어. 키푸는 1m 정도 길이의 줄에 매듭을 지어 그 수와 간격에 따라 내용을 전달하는 방법이야. 잉카 문명은 1553년에 스페인 군대가 침략해 멸망했어. 스페인 사람들이 잉카 제국의 유산을 깡그리 파괴해 버려서 온전히 남은 유적지가 없었지. 그런데 1911년에 페루의 쿠스코 근처에서 마추픽추가 발견되었어. 안데스 산지의 깎아지

••• 마추픽추

른 절벽 위에 자리한 마추픽추는 사방이 험준한 산과 계곡으로 둘러싸여 있어서 하늘에 떠 있는 듯한 착각을 불러일으켜. 그래서 공중 도시라는 별명을 얻었지. 마추픽추의 건축물들은 큰 돌을 정교하게 잘라서 쌓았는데 200톤 넘는 돌이 쓰이기도 했어. 신전과 궁전, 주민 거주지가 있는 시가지에는 성벽을 둘러쌓았고 나머지 비탈면에는 계단식 밭을 만들었어. 도로·계단·광장 등이 주변 산세와 완벽한 조화를 이루도록 배치해 놓았지.

마추픽추는 깊은 계곡 속 높은 절벽 위에 있어서 산자락에서는 보이지가 않아. 그래서 오랫동안 발견되지 않았어. 이런 도시가 있다는 사실 자체를 아무도 몰랐지. 마추픽추를 어떻게 건설했고 어떤 사람들이 살았으며 왜 사라졌는지 아직 밝혀지지 않았어. 잉카 사람들이 세웠다는 사실을 빼고는 모두 추측만 하고 있을 뿐이야.

마추픽추로 가는 관문은 쿠스코야. 페루 최고의 관광 도시인 쿠스코는 해발 3,400m 고원 지대에 있어. 월평균 기온이 10~14℃로 전형적인 고산 기후를 보이지. 잉카 제국의 수도였던 쿠스코는 잉카 사람들이 사용했던 케추아어로 배꼽을 뜻해. 여기에는 세상의 중심이라는 뜻이 있어.

••• 쿠스코

뜨거운 불을
뿜는 화산

땅속 깊은 곳에서는 높은 압력과 온도 때문에 암석이 녹아 액체 상태인 마그마가 돼. 마그마는 온도가 800~1,200℃에 이르고 휘발성 물질이 포함되어 있어. 마그마는 주위의 다른 암석보다 가벼워서 서서히 떠오르게 돼. 지표 가까이 올라와 있던 마그마가 지각의 약한 틈을 뚫고 나오는 것이 화산 폭발이야. 폭발하며 나온 휘발성 물질은 화산 가스로 흩어지고 나머지는 용암이나 화산 쇄설물로 화구 주변에 쌓여서 식어. 이렇게 만들어진 산이 화산이야.

화산체는 화산 활동 때 무엇이 뿜어져 나오는가, 얼마나 강력하게 터져 나왔는가에 따라 모양이 달라져. 먼저, 용암은 어떤 암석이 녹아서 만들어졌는가에 따라 점성이 달라져. 점성이 낮은 용암은 쉽게 흘러내리고 널리 퍼져서 완만한 방패 모양 화산을 만들지. 방패라는 뜻의 글자 순을 붙여서 순상 화산이라고 해. 하와이에는 마우나로아산을 비롯해 순상 화산이 많고 아이슬란드 화산들도 대개 순상 화산이야. 우리나라의 백두산과 한라산도 여기에 속해.

화산이 분출할 때 뭐가 나올까?

지하 깊은 곳에서 액체로 있던 마그마가 지표 가까이 또는 밖으로 나왔을 때 휘발성 성분이 빠져나가고 식으면 용암이 돼. 용암과 달리 흐르지 않는 고체 물질을 통틀어 화산 쇄설물이라고 하지. 크기에 따라 가장 작은 화산진부터 화산재·화산력·화산암괴·화산탄으로 구분해. 작고 가벼운 화산진과 화산재는 공기와 함께 높고 멀리 퍼져 나가. 화산 가스는 주로 물과 이산화탄소로 구성되지만, 황·염소·불소 같은 성분도 꽤 들어 있어. 유독 가스라 많은 인명 피해를 일으켜.

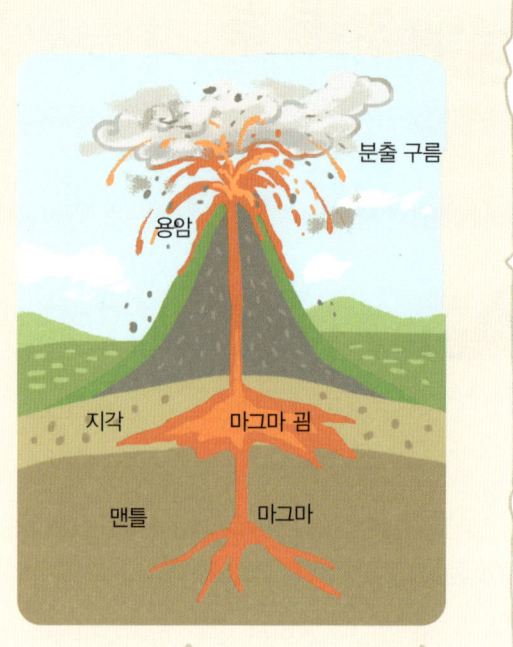

점성이 큰 용암은 멀리 흘러가지 못하고 화구 위에 그대로 쌓여. 그 모습이 종을 닮아서 종상 화산이라고 해. 종상 화산은 규모가 작은 편이고 분화구가 없는 게 특징이야. 제주도의 산방산을 생각하면 돼.

··· 순상 화산   ··· 종상 화산

용암과 화산 쇄설물이 번갈아 쌓이면서 화구 주변에 높게 쌓인 화산을 성층 화산이라고 해. 일본의 후지산이 대표적이지.

격렬한 폭발 없이 묽은 용암이 흘러나오기도 해. 묽은 용암은 잘 흘러서 주변을 평평하게 뒤덮어. 이렇게 만들어진 땅을 용암 대지라고 해. 세계에서 가장 큰 용암 대지는 인도의 데칸고원이야.

마그마를 아주 많이 뿜어 낸 경우에는 분화구 바로 밑에 빈 곳이 생겨. 그러면 밑에서 지지해 주는 힘이 없으니 분화구 주변이 무너져 내려. 이런 곳 가운데 지름이 2㎞ 이상인 곳을 칼데라라고 해. 이곳에 물이 고이면 칼데라호야. 세계에서 가장 큰 칼데라는 일본 아소산에 있어. 백두산 천지도 칼데라에 물이 고인 호수지.

화산 활동은 한 번으로 끝나기도 하지만, 수천 년간 지속되기도 해. 이탈리아의 베수비오 화산과 에트나 화산은 고대에 분출해서 최근까지도 분화하고 있어. 이웃 나라 일본만 해도 수시로 화산이 폭발했다는 소식이 들려와. 우리나라 백두산처럼 수백 년 동안 활동이 없는 화산들도 많지만, 오랜 기간 잠잠했던 화산이 폭발하기도 해. 필리핀의 피나투보 화산은 1991년 6월, 600년 만에 폭발했어. 어찌나 격렬하게 폭발했는지 높이 1,745m였던 산

··· 성층 화산

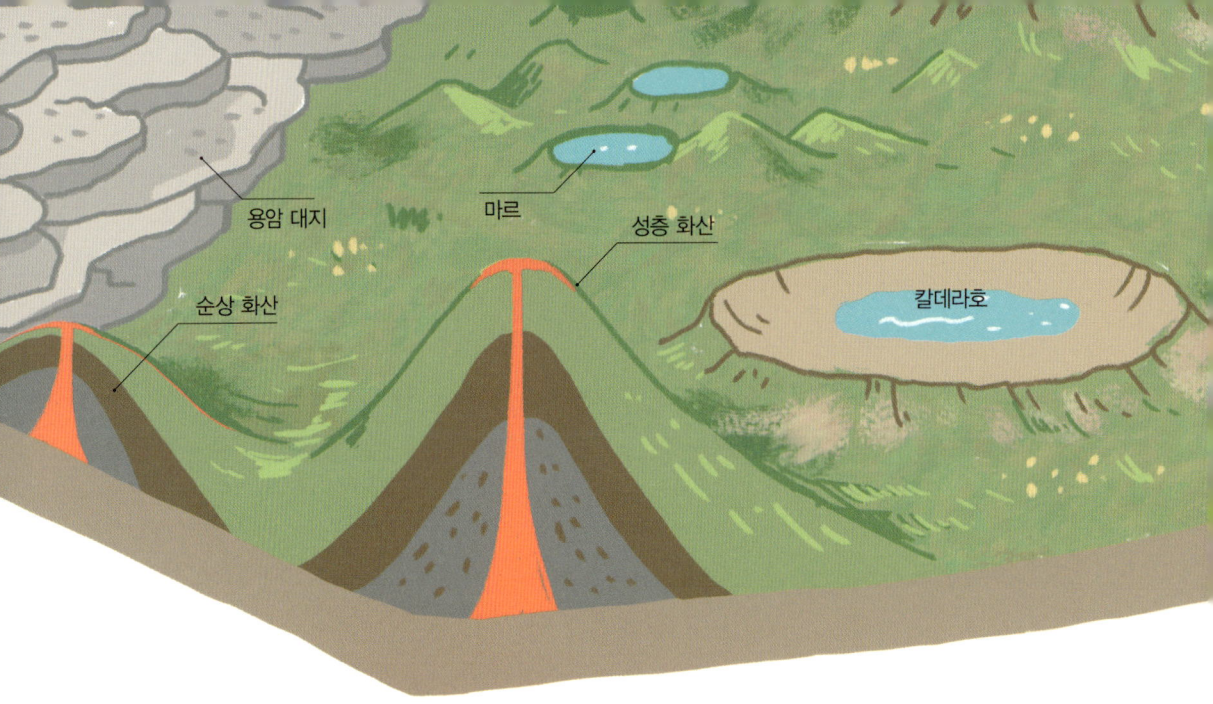

이 1,486m로 낮아졌고 원뿔 모양 꼭대기가 무너져 너비 2,500m에 달하는 칼데라가 생겨났지.

화산 폭발은 큰 피해를 일으키는 경우가 많아. 가장 큰 피해는 사람이 죽는 것이지. 흘러내리는 뜨거운 용암에 타 죽거나 가스에 질식사하거나 화산 쇄설물에 깔려 죽는 거야. 1815년에 인도네시아의 탐보라 화산이 폭발했을 때는 70,000명이 희생되기도 했어.

화산 쇄설물은 물과 섞여 흘러내리며 2차 피해를 줘. 화산 폭발 후 뒤따르는 해일과 산사태 등도 피해를 키우지. 가벼운 화산재는 하늘로 올라가 햇빛을 가리고 바람을 타고 멀리까지 날아가서 피해 지역을 넓혀. 화산재는 1~2년간 공중에 떠 있으면서 햇빛을 막아 기온을 떨어뜨려. 그 탓에 농작물이 제대로 자라지 못해. 화산재가 있는 하늘에는 비행기가 지나갈 수 없어. 화산재가 시야를 가리고 미세한 입자가 항공기 엔진을 멈추게 하거나 계기판에 오작동을 일으킬 수 있기 때문이야. 2010년 4월, 아이슬란드에서 화산이 폭발했을 때 유럽 전체의 항공기들이 꼼짝 못 한 적도 있어.

한번 터지면 큰 피해를 주는 화산도 좋은 점은 있어. 화산재에 있는 칼륨, 인 같은 무기질이 땅을 기름지게 해서 화산 근처에서는 농사가 잘 지어져. 마그마가 지하에서 굳으며 구리, 주석 등이 생겨서 지하자원이 풍부해지기도 해. 또 지하수를 가열해 온천이 발달해. 땅속의 열에너지를 이용해 지열 발전을 할 수도 있어. 용암이 굳어진 화산암은 건축 재료로 사용할 수 있어. 화산이 만든 독특한 자연 경관과 온천 등은 훌륭한 관광 자원이 되지. 이런 장점들을 잘 이용하면서 많은 사람이 화산 근처에 살고 있어.

섬과 화산의 나라, 인도네시아

　인도네시아는 세계에서 섬이 가장 많은 나라야. 인도네시아라는 나라 이름도 섬의 인도라는 뜻이지. 동서 5,000km에 이르는 넓은 바다에 17,508개의 섬이 흩어져 있고 이 가운데 사람이 사는 섬은 8,000개 정도야. 세계에서 두 번째로 큰 뉴기니섬과 세 번째로 큰 보르네오섬의 일부가 인도네시아에 속하고, 여섯 번째로 큰 수마트라섬도 인도네시아 영토야. 그 외에 말레이 제도에 있는 섬들 대다수가 인도네시아에 속해. 이곳에 섬이 많은 것은 화산 활동 때문이야. 유라시아판과 인도-오스트레일리아판이 만나는 곳이라 지진과 화산 폭발이 잦아. 인도네시아에는 화산이 400개 넘게 있고 그중 활동하는 화산이 70여 개야.

••• 탐보라산

인도네시아에서 있었던 화산 폭발 중에는 세계적인 대폭발로 기록된 것이 여럿 있어. 우선 1815년 4월에 폭발한 탐보라산이야. 5일간 격렬한 폭발이 계속되면서 화산재가 4,000톤이나 쏟아졌고 산봉우리의 $\frac{2}{3}$ 정도가 사라졌어. 이 화산 폭발로 70,000명이 희생됐는데 탐보라산이 있는 섬의 주민은 12,000여 명 중 20여 명만 간신히 살아남았어. 화산이 내뿜은 연기가 유럽과 미국에까지 퍼지며 태양을 가려서 지구의 평균 기온이 1.1℃ 내려갔어. 유럽에는 혹한이 닥쳤고 1816년을 여름이 없는 해라고 했을 정도야. 농작물이 서리 피해를 입고 여름에 차가운 비가 쏟아지는 등 이상 기후가 나타나면서 굶주림과 전염병으로 20만 명이 희생되었지.

크라카타우산은 1680~1681년에 소규모 폭발을 일으키고 200년 넘게 잠잠하다가 1883년 8월에 크게 폭발했어. 오스트레일리아에서도 폭발음을 들었을 정도야. 폭발의 충격으로 엄청난 해일이 밀어닥쳐 36,000명이 희생되기도 했어. 화산재가 해를 가려 몇 년 동안 세계의 기온이 낮아져서 농작물 수확량도 크게 줄었지. 이 산은 이후에도 계속 분화하고 있어.

세계적인 휴양지 발리섬 역시 예외가 아니야. 발리섬의 아궁산은 발리 사람들이 세계의 배꼽, 즉 세상의 중심이라고 생각하는 곳이야. 이 산은 1963년에 대폭발을 일으켰는데 열두 시간 동안 화산재와 돌들이 쏟아지면서 집과 경작지를 망치고 2,000명 넘게 희생됐어. 2017년 11월에 다시 분화했는데 화산재 때문에 항공기들이 뜨지 못해 수많은 여행객의 발이 묶였지. 잦은 화산과 지진에 불안할 법도 한데 인도네시아 사람들은 이런 환경을 일상으로 받아들이고 있어. 외려 화산이 집중된 자바섬과 수마트라섬에 가장 많이 모여 살아. 땅이 기름지기 때문이야. 인도네시아는 화산재 덕분에 토양이 기름져서 농작물이 잘 자라. 특히 커피 재배에 잘 맞아서 향과 맛이 풍부한 커피를 많이 생산하고 있어. 주석·니켈·구리 같은 지하자원도 풍부하고 독특한 자연 경관은 훌륭한 관광 자원이 되고 있어.

••• 크라카타우산

5 흐르는 물과 고여 있는 물, 강과 호수

세계에서 가장 큰 강들

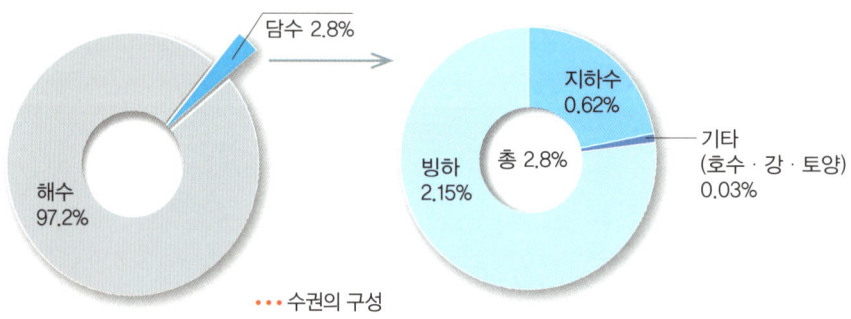

••• 수권의 구성

  지구에는 물이 아주 많지만, 우리가 사용하는 양은 그중 극히 일부야. 지구에 있는 물의 97%는 바닷물이고 2%는 극지방과 고산 지역에 빙하로 갇혀 있어. 나머지 1%의 물이 강·호수·습지·지하수 등으로 존재하지. 이 중 우리와 가장 가깝고 또 큰 영향을 미치는 건 강(하천)일 거야.

  강은 우리가 먹고 씻고 청소하는 등 생활에 필요한 물과 농사짓거나 공장을 돌릴 때 필요한 물을 줘. 사람과 물자를 실어 나르는 교통로도 되고 휴식 공간의 역할을 해.

지구에는 수많은 강이 흐르며 우리 생활에 영향을 주고 있어. 그중에서 가장 긴 강은 어디일까? 어떤 책에서는 이집트의 나일강, 어떤 책에서는 브라질의 아마존강이라고 해. 한동안은 나일강이 6,718㎞로 가장 길다고 알려져 있었어. 2008년에 아마존강의 길이를 다시 쟀더니 나일강보다 더 긴 7,062㎞라는 거야.

사실 강의 길이를 정확히 재기는 어려워. 어디서 시작되는지 정확한 지점을 찾기 어렵고 큰 강들은 강수량에 따라 모양이 달라져서 길이가 달라지거든. 나일강 길이만 해도 6,695㎞나 6,671㎞라는 기록도 있어. 정확하게 재기 힘들다 보니 어떤 강이 가장 긴지는 불확실하다고 해.

강의 규모를 가늠할 때 길이만큼 유역 면적도 중요한 기준이야. 유역 면적은 아마존강이 가장 넓어. 남아메리카 대륙의 $\frac{1}{3}$ 정도가 아마존 유역에 속할 정도야. 열대 우림 지역인 아마존 유역은 강수량이 풍부한 데다 안데스산맥의 빙하가 녹은 물까지 흘러들고 있어. 아마존강에 있는 물은 나일강·양쯔강·미시시피강의 물을 합친 양보다 많다고 해. 지구에 있는 민물의 15~20%가 아마존에 있다고 할 정도지. 강폭이 넓고 수심도 깊어서 바다를 항해하는 큰 배들이 하구에서 3,700㎞ 거리에 있는 페루의 이키토스까지 올라갈 정도

••• 하늘에서 내려다본 아마존강

야. 나일강은 세계 4대 문명 발상지 가운데 하나인 이집트 문명의 토대가 된 강이야. 이집트는 국토의 90% 이상이 사하라 사막에 속해 있는데 인구 대부분이 나일강 근처에 살고 있어.

　세계에서 세 번째로 긴 강은 길이 6,300㎞인 중국의 양쯔강이야. 양쯔강은 원래 이름이 창장(장강)이야. 양쯔강은 창장 하류 쪽에서 부르던 이름이었는데 외국인들에게 이 이름으로 알려졌어. 양쯔강은 쿤룬산맥에서 시작해 티베트고원을 가로지른 뒤 둥팅호의 물을 받아들이고 싼샤를 거쳐 평야 지대를 적시다 동중국해로 흘러 들어가. 싼샤에는 2009년 세계적인 규모의 댐이 건설되었어. 높이 183m에 너비 1.6㎞인 댐으로 최대 저수량이 우리나라 소양강 댐의 열세 배인 390억 톤에 달해.

　미국의 미시시피강은 한때 세계에서 가장 길다고 알려진 적도 있지만 계속된 탐사로 네 번째라고 밝혀졌어. 이 강은 미국 중부를 남에서 북으로 흐르는데 상류의 미주리강까지 합친 길이가 6,210㎞야. 미국의 50개 주 가운데 31개 주가 포함될 정도로 유역 면적이 넓고 수운에 유리해서 미국 발전에 큰 역할을 한 강이지.

••• 양쯔강

이집트는 나일강의 선물

나일강은 아프리카 남부 빅토리아호에서 시작된 백나일강과 에티오피아 아비시니아고원에서 시작된 청나일강이 만나 흐르는 강이야. 두 지류는 수단에서 만난 뒤 이집트를 가로질러 지중해로 흘러가. 나일강이 바다로 흘러드는 곳에는 커다란 삼각주가 형성되어 있어. 지중해를 따라 약 240㎞ 넓이로 펼쳐지고 남북 거리는 160㎞ 정도 돼. 나일 삼각주는 세계에서 가장 기름진 땅 가운데 하나야. 여러 나라를 거치는 국제 하천이지만 나일강 하면 이집트를 떠올려. 이집트가 나일강을 기반으로 한 고대 문명 발상지로 널리 알려져서 그럴 거야. 이집트 문명은 기원전 5000년 정도

에 시작된 것으로 보고 있어. 이집트에서는 나일강을 제대로 활용할 줄 알았던 덕분에 일찍부터 문명을 꽃피울 수 있었지.

나일강은 한 번씩 크게 범람하며 주변에 충적 평야를 만들었어. 강물이 넘칠 때 흙과 모래뿐 아니라 상류에서부터 쓸려 내려온 유기 물질들이 함께 넘쳐 쌓이고 썩으면서 비옥한 검은색 토지를 만들었지. 그래서 강 이름이 검다는 뜻의 나일이야. 땅이 비옥해진 것은 좋은데 홍수가 나서 애써 키운 곡식이 물에 잠기면 곤란하잖아. 다행히 나일강은 일정한 주기로 범람했어. 그 시기는 대개 9~10월이었지. 강이 자주 범람하면 사람들은 제방을 쌓아. 하지만 이집트 사람들은 강이 범람하도록 두었다가 물이 빠진 뒤 축축한 땅에 씨앗을 뿌렸어. 1년 내내 따뜻한 기후라 범람이 끝난 뒤 가을에 씨앗을 뿌려도 괜찮았지. 곡식은 이듬해 강이 다시 범람하기 전에 익어서 수확할 수 있었어. 강이 범람하는 시기에는 농사지을 수 없으니 피라미드 건설 같은 일을 했어.

나일강의 범람은 이집트의 다양한 과학 분야를 발달시켰어. 나일강이 범람하는 시기를 제대로 알기 위해 천체의 운행을 관측하여 정확한 달력을 만들었어. 수위를 측정하는 기술도 필요했지. 강이 범람하고 나면 사라진 경작지의 경계선을 다시 찾으려고 기하학과 측량 기술이 발달했어. 이 기술은 피라미드를 건설하는 밑거름이 되었어. 큰 강이 범람하면 보통 재난이 일어나지만 나일강의 범람은 이집트 사람들에게 축복이었던 셈이야. 나일강이 범람하지 않으면 흉년을 겪었을 정도지.

••• 아스완 댐

계속 범람하던 나일강에 1902년 아스완 댐이 건설되었어. 홍수를 조절하고 주변 농경지에 물을 댄다며 중류에 댐을 건설한 거야. 1971년에는 아스완 댐 위쪽에 아스완 하이 댐까지 건설되었어. 나일강의 수량을 조절하게 되면서 이모작과 삼모작이 가능해졌어. 덕분에 사막은 농토로 바뀌며 생산량이 크게 늘었고 전력을 생산해 공업 발달에도 힘을 보탰지.

그런데 문제도 많았어. 강이 범람하지 않으니 강가의 땅들이 비옥한 유기 물질을 받지 못하고 염분이 쌓이면서 급격히 황폐해졌어. 더운 지역에서는 물이 빠르게 증발하니까 염분이 미처 다 녹지 못하고 땅에 쌓이는데 나일강이 범람하지 않으니 이 염분을 녹일 수 없는 거야. 생산성이 떨어지자 화학 비료 사용량이 늘어나면서 땅이 빠르게 산성화되는 악순환이 일어났어. 강물이 실어 나르던 풍부한 영양분이 사라지자 나일강 주변의 생태계는 파괴되었어. 식물성 플랑크톤의 유입도 줄어들어 멸치와 정어리 같은 어족 자원이 사라졌지. 물의 흐름이 줄어들자 하구에서 바닷물이 역류해 삼각주를 파내기 시작했어. 이 모든 문제는 나일강이 다시 범람하지 않는 한 쉽게 해결되기는 어렵다고 해.

문화 유적을 지키는 유네스코

아스완 하이 댐 건설로 수많은 유적지가 물에 잠겼어. 누비아 유적 역시 이때 사라질 뻔했지. 이집트와 수단의 국경 지대에 있는 고대 이집트 왕국의 유적지인 누비아 유적에 아부심벨 신전, 필래 신전 등이 있어. 유네스코는 여러 나라의 도움을 받아 아부심벨 신전을 원위치에서 65m 위쪽으로 옮겨 수몰 위기에서 구했지. 이 일을 계기로 세계적인 문화·자연 유산을 국제 사회가 함께 보존하자는 움직임이 일어났고 1972년에 세계 유산 조약이 체결되었어.

••• 아부심벨 신전

교통로로 이용되는 강과 호수

 강은 예부터 중요한 교통로 이용되었어. 물길을 따라 사람이나 물건을 실어 나르는 것을 수운이라고 해. 물길은 철도나 고속도로 같은 육상 교통이 발달하기 전부터 이용되었고 특히 무거운 짐을 옮길 때 유용했지. 육상 교통이 발달한 오늘날에도 화물 운반에는 수운이 이용되고 있어. 유럽에서는 일찍부터 수운이 발달했고 지금도 물류 이동에서 큰 부분을 차지해.

 유럽은 연중 강수량이 고른 편이라 하천 유량이 일정해서 1년 내내 배를 운항할 수 있어. 유럽 땅은 대부분 평지와 언덕, 낮은 산이라 물길이 완만하게 이어지지. 유럽에서는 강과 강 사이를 운하로 연결해 총 35,000km에 이르는 물길로 이어 놓았어. 유럽에서 가장 큰 물길은 라인강과 도나우강이야. 로마 제국 때부터 물자를 내륙 깊이 이동하는 수로로 쓰이던 강들이지.

 길이 1,230km인 라인강은 스위스 알프스에서 시작해 독일과 네덜란드를 지나 북해로 흘러드는 중부 유럽 최대의 강이야. 라인강은 2차 세계 대전으로 파괴된 독일이 경제를 다시 일으키는 데 큰 역할을 했어. 부서진 도로와 철도를 대신해 라인강으로 물류를 수송할 수 있었거든. 독일의 가장 큰 공업 지대는 라인강과 그 지류인 루르강 유역에 있어. 도나우강은 독일 남부에서 시작해 오스트리아·헝가리·루마니아·불가리아 등을 지나 흑해로 들어가. 또 운하를 통해 마인강과 라인강을 거쳐 대서양까지 이어져. 도나우강은 유럽의 동서를 잇는 무역로이자 동양 문화가 전해지는 통로였어.

영국의 템스강 역시 내륙의 공업 지대와 대서양을 연결하며 산업 발전의 견인차가 되었지.

유럽과 달리 아프리카에서는 강이 지역과 지역을 가로막는 경우가 더 많았어. 나일강처럼 문명의 토대가 된 강도 있지만, 적도 부근의 콩고강이나 남부의 잠베지강을 보면 이야기가 달라져. 잠비아 국경에서 발원한 콩고강은 웅장한 협곡을 통과해 아찔한 절벽을 수직으로 떨어지고 울창한 정글과 늪지, 깊은 골짜기와 가파른 협곡으로 떨어져. 그리고 열대 우림과 폭포를 연달아 지나서 바다로 나가기 직전에 220m 높이의 폭포에서 떨어져 내리지.

··· 라인강

··· 도나우강

••• 잠베지강의 삼각주

잠베지강 역시 곳곳에 급류가 흐르고 중간에 빅토리아 폭포가 있어. 빅토리아 폭포 주변의 동물들은 독자적인 종으로 진화했는데, 폭포 때문에 외부와 단절되었기 때문이야. 잠베지강이 인도양으로 흘러들 때는 해발 1,400m가 넘는 높이에서 쏟아져 내려.

 이 강들은 가파르게 흘러내리고 물살이 센 데다 폭포까지 많아 배를 운항할 수 없어. 일부 구간에서 배를 띄우더라도 화물을 실을 만큼 큰 배를 띄우거나 멀리 갈 수는 없지. 유럽에서처럼 상류에서 하류까지 배를 타고 가기는 불가능해. 이 때문에 교류가 힘들고 발전에도 방해가 되었어. 당연히 탐험도 어려워서, 15세기까지는 외부인들이 북아프리카까지만 교류할 수 있었지.

미국 발전에 큰 역할을 한 미시시피강과 오대호

미국의 미시시피강은 캐나다와의 국경 가까이에서 발원해 멕시코만까지 6,210km를 흘러. 미시시피는 아메리카 원주민 말로 위대한 강이라는 뜻이야. 미시시피강은 미국 국토의 $\frac{1}{3}$에 이르는 지역에 물을 공급해 주는데 비옥한 프레리를 남북으로 통과하고 있지. 프레리는 밀·옥수수·목화·쌀·사탕수수 등을 생산하는 대규모 농업 지대야. 미시시피강에서 농사에 필요한 물을 받고 그 물로 생산한 작물을 미시시피강을 이용해서 운반해. 미시시피강은 상류와 하류의 해발 고도 차이가 120m밖에 되지 않아. 물이 급경사로 떨어지거나 거세게 흐르지 않아 배를 띄우기 좋지. 미시시피강은 미국 개척 초기에 중요한 교통수단으로 이용되었고 지금도 강을 중심으로 여러 강이 연결되어 미국의 교통에 중요한 역할을 하고 있어.

미시시피강은 일리노이강·오하이오강·테네시강 같은 지류들을 통해 오대호와 이어져. 오대호는 미국과 캐나다 국경 지대에 있는 다섯 개의 큰 빙하호야. 미시간호만 미국에 속하고 나머지 네 호수인 슈피리어호·휴런호·온타리오호·이리호는 캐나다와 미국의 국경을 이루지. 오대호의 면적은 24만 4,940㎢로 한반도 면적의 1.1배쯤이야. 오대호에서 가장 큰 호수는 슈피리어호야.

오대호끼리 운하로 연결되고 다시 지류를 통해 미시시피강과 이어지면서 거대한 내륙 수로가 만들어졌어. 이 수로 덕분에 미국 서부와 동부 사이에 물류 이동이 쉬워졌지. 일찍부터 개척된 뉴욕이나 보스턴 같은 동부와 서부 사이에는 애팔래치아산맥이라는 장애물이 있었지만, 물길이 뚫린 덕분에 빠르고 싸게 화물을 운반하게 된 거야. 또 오대호 건너편에 캐나다가 있어서 두 나라의 무역에 유리했어. 이 수로는 바다까지 이어지니 대서양을 통해 세계 곳곳으로 통하는 장점도 있었지. 화물을 빠르고 싸게 운반할 수 있게 되자 오대호 연안에는 대규모

공업 지대가 들어섰어.

디트로이트 일대는 세계 최대의 자동차 공업 지역이야. 피츠버그·클리블랜드에서는 제철 공업이, 시카고에서는 화학 공업이 발달했어. 버펄로·미니애폴리스는 제분업이 발달했어. 캐나다의 토론토는 제지·펄프 산업 중심지야. 이 밖에도 세계 최대 도시 가운데 하나인 뉴욕을 비롯해 뉴올리언스·멤피스·세인트루이스·신시내티·피츠버그 등이 모두 미시시피 연안에서 발달한 도시들이야.

미시시피강을 중심으로 수운이 발달한 동부와 달리 서부는 수운이 발달하기 힘들어. 산이 많아서 경사가 급한 곳이 많고 흐르는 물의 양도 변화가 심해서 물이 부족한 경우가 많아 수로를 건설하기 어렵기 때문이지.

내륙에
갇혀 있는 물, 호수

　물이 흐르지 않고 우묵한 땅에 고여 있는 곳을 호수라고 해. 호수는 여러 원인으로 만들어지는데 빙하로 만들어진 호수가 가장 많아. 빙하가 깎아서 우묵해진 땅에 물이 고인 거지. 석회암 지대에서는 땅이 지하수에 녹아 가라앉으면서 우묵해진 곳에 물이 고여 호수가 돼. 화산 활동으로 생기는 호수도 있어. 분화구에 물이 고여서 만들어지는 화구호는 대개 둥근 모양에 수심이 깊어. 분화구가 무너져 내리면서 만들어진 칼데라에 물이 고여 호수가 되기도 해. 산사태로 하천이 막히거나 화산 폭발 때 용암이 하천을 막아 호수가 되기도 하지. 단층 운동으로 땅이 갈라진 곳에 물이 고여서 호수가 되기도 해. 이런 호수는 수심이 깊고 호숫가에 가파른 절벽이 만들어져.

　호수는 우묵하게 파인 땅이라 주변에서 토사가 흘러들기 마련이고 수천, 수만 년이 흐르면 모두 메워져서 육지로 바뀌어. 우리나라에 호수가 별로 없는 이유도 만들어진 지 오래된 땅이라 침식과 퇴적 작용을 거치며 없어졌기 때문이야. 그런데 단층으로 생겨난 호수는 좀 달라. 지각이 계속 벌어지기 때문에 호수가 점점 더 커지면서 수백만 년 뒤까지도 남아 있어. 러시아에 있는 바이칼호가 그런 경우야. 약 2500만 년 전 단층 운동으로 쪼개진 땅에 물이 고여 생긴 이 호수는 세계에서 가장 오래되고 가장 깊은 호수야. 평균 수심은 740m이고 가장 깊은 곳은 1,742m나 돼. 호수가 깊으니 담고 있는 물도 많겠지? 바이칼호의 물은 오대호의 물을 모두 합친 양보다도 많아. 전 세계 사람들이 40년 동안 식수로 사용할 수 있을 정도라는 말도 있어.

　바이칼호는 가장 맑은 호수로도 꼽혀. 맨눈으로 20~40m 속 물체를 구별할 수 있을 정도로 깨끗해. 맑고 푸른 바이칼호에는 시베리아의 진주, 지구의 푸른 눈이라는 별명이 붙어 있어. 맑고 잔잔한 표면과 달리 여러 지층으로 된 바닥 깊은 곳에서는 작은 지진이 끊임없이 일어나지.

••• 바이칼 호수

••• 빅토리아호

깊이로 따지면 바이칼호가 으뜸이지만, 넓이로 따지면 카스피해가 세계에서 가장 커. 카스피해는 물속에 무기 염류가 많이 들어 있는 염호야. 카스피해 다음으로 큰 호수는 오대호 가운데 하나인 슈피리어호야. 담수호 중에서는 가장 크다고 해. 그다음으로 큰 호수는 아프리카 남부에 있는 빅토리아호야. 이 호수는 나일강이 시작되는 곳이야.

가장 높은 곳에 있는 티티카카호

　티티카카호는 남아메리카 대륙에서 가장 큰 담수호이자 배를 운항하는 호수 가운데 가장 높은 곳에 있는 호수야. 이 호수는 안데스 산지의 3,810m 고원 지대에서 페루와 볼리비아의 국경을 이루고 있어. 두 나라 사이를 다니는 국제 수로가 호수 안에 있지. 티티카카호는 길이가 190㎞이고 폭이 가장 긴 곳이 80㎞야. 호수의 끝이 보이지 않아 산 위의 바다라는 별명이 있지. 티티카카호와 주변의 습지는 평균 기온이 3~12℃인 고산 기후를 보이고 연교차는 작지만, 일교차가 제법 커.

　티티카카호는 잉카 문명이 시작된 곳이야. 12세기쯤 티티카카호에서 시작된 잉카 왕국은 쿠스코에 수도를 두고 세력을 크게 키웠어. 호수에 있는 태양의 섬은 태양신이 내려와 잉카 왕국을 세우고 사람들에게 지혜를 전해 준 곳이라고 해. 이를 뒷받침하듯 섬에서 180곳이 넘는 잉카 유적지가 발견되었어.

　티티카카호에서 가장 눈에 띄는 것은 떠다니는 섬이야. 호수 주변에 자라는 갈대의 일종인 토토라를 엮어서 만든 이 섬을 우로스라고 해. 토토라를 1~3m로 쌓

••• 토토라로 만든 섬과 배

아 섬을 만들고 그 위에 집을 짓지. 물론 집도 토토라로 만들어. 풀로 엮은 섬이 썩지 않도록 보름마다 계속해서 토토라를 쌓아 줘.

토토라의 쓰임새는 다양해. 뿌리처럼 자라는 덩이줄기를 식량으로 쓰고 줄기를 벗겨 내 씹으면 사탕수수처럼 달콤한 맛이 난다고 해. 토토라는 가축 사료와 땔감으로도 쓰여. 호수를 이동할 때 필요한 배도 토토라를 엮어서 만들어. 그야말로 생활 대부분을 토토라로 해결하는 셈이야.

티티카카호에는 볼리비아의 해군 기지가 있어. 볼리비아는 바다가 없는 내륙 국가야. 원래 태평양과 접해 있는 아타카마 사막 일대를 보유하고 있었지만, 칠레와의 전쟁에서 패해 그곳을 잃었어. 볼리비아는 다시 태평양으로 진출할 날을 기다리며 티티카카호에서 해군을 육성하고 있지.

호수인지 바다인지
알쏭달쏭한 염호

민물과 달리 바닷물에는 무기 염류가 있어서 짠맛이 나. 그런데 내륙에 있는 호수 중에도 짠물을 담고 있는 호수가 있어. 바닷물처럼 물속에 무기 염류가 녹아 있는 이런 호수를 염호라고 해. 무기 염류가 물 1ℓ당 500㎎ 들어 있으면 염호라고 불러. 염호는 증발이 잘 되는 건조한 지역에서 만들어져. 염분과 미네랄은 민물에도 약간 들어 있는데 이 물이 하천에서 호수로 들어오기만 하고 빠져나가지 못하면 가둬진

••• 그레이트솔트호

물이 증발하고 염분이 남아. 이렇게 남은 염분이 점점 많아져서 호숫물이 바닷물처럼 바뀐 거야. 지중해 동쪽의 사해나 미국의 그레이트솔트호처럼 농도가 바닷물보다 10배나 진한 염호도 있어.

　　호수로 들어오는 물보다 증발하는 물이 더 많으면 결국 호수는 없어지고 호수의 흔적만 남은 웅덩이에 소금 같은 퇴적물이 모여. 이런 곳은 소금을 채취하는 천연 염전으로 쓰이고 있어.

　　염호는 내륙에 있는 갇힌 물이라는 점에서 호수이지만 짠물이라는 점 때문에 바다처럼 취급되기도 해. 염호에는 카스피해·아랄해·사해처럼 이름에 바다를 뜻하는 ~해 자가 붙곤 하지. 중앙아시아에 있는 카스피해를 두고 호수인지 바다인지 분쟁이 일어나기도 했어. 카스피해는 담수호와 염호를 통틀어 가장 큰 호수야. 호수 높이가 계절과 상황에 따라 바뀌면서 그때마다 넓이도 달라지는데 보통 넓이를 37만 1,000㎢, 호수 둘레를 7,000㎞ 정도로 봐. 카스피해는 러

5. 흐르는 물과 고여 있는 물, 강과 호수　173

시아·아제르바이잔·이란·투르크메니스탄·카자흐스탄의 다섯 나라와 닿아 있어. 이 나라들은 서로 "카스피해는 호수다.", "카스피해는 바다다." 하면서 대립하고 있지.

바다로 보는 쪽에서는 원래 지중해의 일부였던 이 지역이 지각 변동으로 분리되었고 민물보다 염도가 높다는 점을 내세워. 호수로 보는 쪽에서는 이 지역이 육지로 둘러싸여 있고 주변에서 강물이 계속 흘러들어와 생태계가 민물 호수와 유사하다는 점을 강조하지.

카스피해를 두고 호수니 바다니 다르게 주장하는 이유는 여기에 묻힌 자원 때문이야. 카스피해에는 엄청난 석유와 천연가스가 묻혀 있어. 철갑상어·정어리·바다표범 등의 수산 자원도 풍부해. 그런데 이 자원을 두고 각 나라가 갖는 권리는 호수인가 바다인가에 따라 달라져. 호수라면 다섯 나라에게 똑같은 권리가 있어. 카스피해를 공동으로 관리하고 거기에서 얻은 이익을 $\frac{1}{5}$씩 나누지. 바다라면 카스피해에 닿은 국경선 길이에 따라 권리를 가져. 바다에서는 해안선에서 12해리까지를 그 나라의 영토로 인정해. 해리는 바다의 거리를 잴 때 쓰는 단위로 1해리가 대략 22㎞야. 결국, 카스피해 연안에 자원이 많이 묻힌 나라가 유리해지지.

이란은 카스피해와 닿은 지역에 자원이 별로 없어서 호수라고 주장해야 유리해. 카자흐스탄·아제르바이잔·투르크메니스탄은 연안에 석유와 가스가 많이 묻혀 있어서 바다라고 주장하지.

러시아는 호수라고 주장하는 입장이야. 카스피해가 바다라면 각 나라에서 12해리를 벗어난 지역은 누구나 자유롭게 다닐 수 있는 공해가 돼. 그렇다면 미국의 군함이 들어올 수도 있다는 이야기야. 바다인가 호수인가를 두고 대립하던 다섯 나라는 2018년 8월에 카스피해를 특수한 지위를 가진 바다로 규정하는 합의를 이루었어.

우유니는 사막일까? 호수일까?

볼리비아와 칠레 사이에 있는 우유니는 때로는 호수가 되고 때로는 사막이 되는 곳이야. 안데스 산지의 해발 3,000m가 넘은 고원에 있는데 주변에는 더 높은 산들이 둘러싸고 있어. 빙하기가 끝난 뒤 주변의 빙하가 녹은 물이 낮은 지대인 이곳으로 흘러 내려와 호수가 되었어.

••• 우유니

그리고 물이 모두 증발해 소금 사막이 되었지. 우유니 일대는 고도가 높아 태평양의 습한 공기가 들어오기 어려워서 건조한 기후를 보이거든. 세계에서 가장 큰 소금 사막인 이곳은 12~3월에 20~30㎝의 물이 고이면서 우유니 호수로 변신하곤 하지.

5. 흐르는 물과 고여 있는 물, 강과 호수

생명이 살 수 없는 호수, 사해

염호에서 가장 많이 알려진 곳은 사해야. 사해는 아라비아반도 북서쪽의 이스라엘·팔레스타인·요르단 사이에 있는 길이 78㎞의 호수이지. 단층으로 지각이 갈라지고 깊게 파인 곳에 물이 고여 만들어졌어. 사해는 수면이 해수면보다 400m 정도 낮아. 덕분에 지구에서 가장 낮은 호수라고 불리지.

요르단강이 갈릴리호를 거쳐 사해로 흘러드는데 사해와 달리 갈릴리호는 담수호야. 갈릴리호는 물이 들어왔다 사해 쪽으로 나가지만 사해는 물이 나가지 못하고 증발만 일어나 염호가 되었어. 사해 지역은 기온이 높고 건조해서 들어오는 물과 거의 같은 양이 증발하며 염분 농도가 일정하게 유지돼. 바닷물의 염분 농도는 보통 3.5~5%인데 사해는 25~30%야. 너무 짠 물 때문에 어떤 생물도 살 수 없어서 죽음을 뜻하는 글자 사가 붙었어. 요르단강의 물고기가 물을 따라 사해로 오면 입구에서 모두 죽어 버린다고 해. 물고기가 없으니 새들도 찾아오지 않지. 중세 사람들은 사해 하늘에 새가 없는 이유를 공기에 독이 퍼져 있기 때문이라고 믿었대.

 사해

••• 사해의 소금

　사해는 염분 농도가 워낙 높아 사람이 그냥 물에 뜰 정도야. 그렇다고 다른 곳에서 하듯 수영하면 안 돼. 물속에 너무 오래 있지 말고 물이 눈이나 코에 들어가지 않게 조심해야 하지. 또 바닥에는 소금이 뭉쳐서 날카롭게 된 곳이 많으니 더 조심해야 해. 사해에 녹아 있는 소금은 살균 효과가 뛰어나고 주변의 검은 진흙은 미용 효과가 뛰어나다고 해. 이스라엘에서는 사해의 소금과 진흙으로 화장품을 만들어 수출하고 있어. 그런데 이름처럼 사해가 정말로 죽어 가고 있어. 호수 높이가 1년에 90cm씩 낮아지고 물의 양은 1960년대보다 $\frac{1}{3}$로 줄었다고 해. 이스라엘과 요르단이 강물을 끌어다 쓰면서 사해로 들어오는 물이 많이 줄었기 때문이야. 이 속도라면 사해가 50년 이내에 소금밭이 될 거라는 걱정 섞인 예측도 나오고 있어.

6 지구를 덮고 있는 거대한 바다

세계의 큰 바다들

지구는 둥근 땅이라는 뜻이지만 실제로는 물이 훨씬 더 많아. 지구 표면적 5억 1,000만 ㎢에서 바다는 3억 6,000㎢를 차지해. 지구의 $\frac{2}{3}$ 이상이 바다인 셈이야. 바다는 무척 깊기도 해. 육지의 평균 높이가 840m인데 바닷속 평균 깊이는 3,800m쯤이야. 지구의 바다들은 서로 이어져 있어. 드넓은 바다끼리 또 작고 얕은 바다까지도 서로서로 통해 있지. 거대한 물 위에 여러 대륙이 떠 있는 셈인데 그래도 일정한 경계를 두어 5대양이나 3대양으로 구분해. 흔히 태평양·대서양·인도양·북극해·남극해로 나누어 5대양이라고 하지만 북극해나 남극해는 다른 3대양의 일부로 볼 수도 있어.

가장 넓고 깊은 바다는 태평양이야. 넓이가 1억 7,000만 ㎢로 지구 전체 면적의 $\frac{1}{3}$을 차지해. 태평양은 지구의 모든 육지를 합친 크기보다 넓은 바다야. 태평양에는 25,000여 개의 섬이 흩어져 있는데 대부분 적도 남쪽에 있어. 대서양은 넓이가 8,600만 ㎢로 태평양의 반 정도야. 남북 길이는 태평양과 비슷하지만, 폭이 훨씬 좁거든. 태평양만큼 깊지 않고 섬들도 적지만 세계적인 어장의 상당수가 대서양에 있어. 전 세계 수산물의 40% 이상이 대서양에서 나오는데, 그중 상당량이 뉴펀들랜드 연안에서 잡혀. 하지만 지나친 포획과 바다 오염으로 물고기가 점점 줄고 있어. 대서양은 세계에서 교통량이 가장 많은 바다야. 일찍부터 산업이 발달한 유럽과 북아메리카 사이에서 대규모로 교역이 이루어지기 때문이지. 넓이가 7,300만 ㎢인 인도양은 대양 중에서 가장 작아. 하지만 대양 중에서 가장 먼저 만들어졌고 구조가 가장 복잡하지. 인도를 중심으로 아라비아해와 벵골만으로 크게 나누어져. 인도양의 90%는 남반구에 있고 북반구에서는 육지에 막혀 있어. 인도양에는 5,000개 이상의 섬이 있어.

육지로 둘러싸인 바다, 지중해

유럽 대륙의 남쪽이자 아프리카 대륙의 북쪽에, 그리고 아시아 대륙과도 닿는 곳에 지중해가 있어. 온통 육지로 둘러싸여 있고 서쪽의 지브롤터 해협을 통해서만 대서양과 이어지는 바다야. 땅 가운데 있는 바다라서 지중해라고 해. 포르투갈·스페인·이탈리아·그리스·터키·이스라엘·이집트·리비아·알제리·모로코 등이 지중해를 둘러싸고 있어. 지중해는 넓이가 296만 9,000㎢에 동서 길이는 4,000㎞ 정도야. 흑해·에게해·이오니아해·아드리아해 같은 바다는 지중해의 일부지.

••• 지중해 연안 나라

에게해 가운데에 있는 크레타섬은 그리스 문명이 시작된 곳이야. 일찍부터 이집트나 소아시아 등과 교류하며 뛰어난 해양 문화를 이루었던 곳이지. 이탈리아반도에서 시작해 고대 최대의 제국을 이루었던 로마 역시 지중해를 무대로 삼았어. 4대 문명 발상지 가운데 하나인 이집트도 지중해에 접하고 있지. 이렇듯 지중해는 여러 문명이 꽃을 피우며 고대부터 중세 말까지 유럽 문명의 중심 무대였어.

지중해 일대는 여름에 기온이 높고 비가 거의 오지 않지만 겨울에 따뜻하고 비가 많이 오는 기후를 보여. 온대 기후 가운데 하나인 지중해성 기후야. 이런 기후에서 자라는 식물들은 고온 건조한 여름을 견디려고 잎과 껍질이 두껍고 물을 찾아 땅속 깊이까지 뿌리를 내려. 이 지역에서 나무를 심을 때는 간격을 넓게 둬야 해. 건조한 여름 날씨에 잘 견디는 올리브·오렌지·포도·코르크 등을 주로 키워. 지중해 주변의 집들은 강한 햇살을 반사하려고 벽을 하얗게 칠해. 열기가 안으로 들어오지 않도록 벽을 두껍게 쌓고 창도 작게 내. 뜨거운 여름 날씨를 견디려고 이렇게 짓는 것인데 푸른 바다를 배경으로 한 하얀 집들이 멋진 풍경을 만들며 훌륭한 관광 자원이 되고 있지.

지중해성 기후는 미국 캘리포니아와 칠레 중부 그리고 오스트레일리아 남서부와 아프리카 남단에서도 나타나.

••• 지중해의 하얀 집

바다가 우리 생활에 미치는 영향

바다는 지구를 넓게 덮고 있는 만큼 우리 생활에 큰 영향을 미쳐 왔어. 우선 바다는 인류가 이용할 수 있는 자원을 가득 품고 있는 보물 창고야. 바다에는 지구 전체 동식물의 약 80%에 해당하는 약 30만 종의 해양 생물이 있어. 물고기를 비롯해 각종 조개류와 김·미역 같은 해조류는 중요한 식량 공

••• 인천 시화호 조력 발전소

급원이야. 바다는 인류의 마지막 식량 창고로 불리지. 생물 자원은 공업 원료·의약품·공예품 등에도 다양하게 쓰여. 바다에서는 석유와 천연가스 같은 에너지 자원도 얻을 수 있고 금·우라늄·리튬·망간 같은 광물 자원도 얻을 수 있어.

바닷물도 자원으로 쓰일 수 있어. 조수 간만의 차를 이용한 조력 발전, 파도의 힘을 이용한 파력 발전, 해류를 이용한 해류 발전 등 바닷물로 전기를 생산할 수 있지. 바닷물을 이용한 발전은 처음에 건설 비용이 많이 들지만 환경 오염이 없고 끝없이 재생된다는 장점이 있어.

바다는 지구의 산소 공장이기도 해. 바닷속 미생물과 해조류가 만들어 낸 산소는 지구 산소의 70%를 차지하고 있어.

바다는 특히 기후에 큰 영향을 미쳐. 바다에는 지구에 있는 물의 97%가 들어 있어. 바다는 이 엄청난 물 안에 태양에서 받은 열을 저장했다가 내보내며 지구 전체의 온도를 조절해. 지구가 너무 뜨거워지거나 차가워지지 않고 일정한 온도가 되게 해 주는 거야. 또 육지보다 서서히 데워지고 서서히 식어서 바다와 가까운 지역은 내륙보다 연중 기온의 변화가 적어.

해류도 기후에 영향을 미쳐. 해류는 바닷물이 일정한 속도를 가지고 일정한 방향으로 이동하는 거야. 해류가 생기는 가장 큰 원인은 바람이야. 편서풍이나 무역풍처럼 늘 일정한 방향으로 바람이 불면 표면의 바닷물은 그 힘으로 멀리까지 흘러가. 깊은 바다에서는 바닷물의 밀도 차이로 해류가 생겨. 대개 밀도가 높은 쪽에서 낮은 쪽으로 흘러가지. 바닷물의 농도는 해수면의 온도와 강수량, 증발량의 많고 적음에 따라 달라져.

해류는 어디에서 생겼느냐에 따라 따뜻하기도 하고 차갑기도 해. 적도 부근에서 시작된 따뜻한 해류를 난류, 고위도에서 시작된 차가운 해류를 한류라고 하지. 해류는 공기의 온도와 습도를 바꾸고 이 공기가 육지로 이동해서 기후에 영향을 주는 거야. 난류가 흐르는 지역은 온난하면서 축축한 기후를 보이지. 한류가 흐르는 곳은 서늘하고 건조해지는데 때로는 사막이 만들어지기도 해.

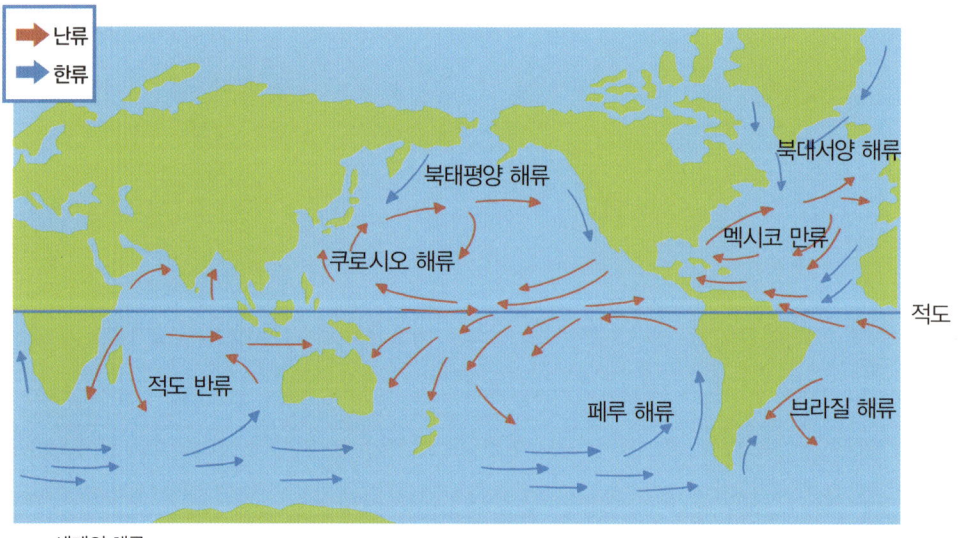

••• 세계의 해류

난류의 영향을 크게 받는 유럽 기후

　기후는 위도의 영향을 가장 크게 받아. 같은 위도에 있는 지역끼리는 대체로 같은 기후가 나타나지. 하지만 해류의 영향을 받아 위도와 관계없이 기후가 달라지는 지역이 있어. 그 대표적인 곳이 고위도에 있으면서도 온난한 기후를 보이는 서부와 북부 유럽이야.

　영국·프랑스·독일 같은 나라들은 겨울에 우리나라보다 훨씬 따뜻해. 그런데 런던은 북위 51°30′에 위치하고 파리는 북위 48°52′에 있어. 한반도의 최북단이 북위 43°임을 생각하면 훨씬 고위도에 있는 나라들이지. 그런데도 겨울에는 따뜻한 거야. 이와 달리 여름에는 선선하고 비는 연중 고르게 내리는 특징을 보여. 이런 기후를 서안 해양성 기후라고 해. 위도 40~60° 사이인 대륙 서안에서 주로 나타나는 온난 습윤한 기후야. 유럽 서부와 북부의 서안 해양성 기후는 북대서양 난류의 영향 때문이야. 북대서양 난류는 멕시코 만류에서 연장되어 나온 해류야. 이 난류는 열대 해역인 멕시코만에서 시작해 북쪽으로 흘러. 캐나다의 뉴펀들랜드 해안에서 동북쪽으로 방향을 바꿔 유럽의 서쪽 해안을 따라 흐르다 노르웨이 쪽으로 흘러 들어가지. 이 지역은 편서풍이 부는 곳이라 북대서양 난류의 온기가 북유럽까지 실려 가게 돼. 북유럽의 아이슬란드는 북위 66.6°를 지나며 북극권에 걸쳐 있는 데도 북대서양 난류의 영향으로 겨울에 우리나라의 중부 지방보다 따뜻해. 스칸디나비아반도 역시 냉대 기후 지역이지만 북대서양 난류가 지나는 서쪽 해안에서는 겨울에 항구가 얼지 않아.

　1년 내내 강수량이 고른 유럽에서는 하천의 물이 일정해서 강을 이용한 수운이 발달했어. 계절과 관계없이 고른 강수량과 습도 덕분에 가뭄이나 홍수가 없고 산불에서 비교적 안전해.

　기후는 농업에 큰 영향을 주잖아? 서안 해양성 기후에 속하는 유럽 지역에서는 오래전부터 목축과 식량 작물 재배를 함께하는 혼합 농업을 했어. 여름철 서늘한 기후는 곡물보다 사료 작물이나 목초 재배에 더 유리해서 소나 양을 기르는 목축업이 발달했지. 식량 작물로는 서늘한 기후에 맞는 밀을 재배해.

    기후는 여가 생활에도 영향을 줘. 축구나 야구 같은 야외 경기가 가을이면 모두 끝나는 우리나라와 달리 유럽에서는 프로 축구 경기를 겨울에도 계속해. 대개 8월 중순부터 이듬해 5월 말까지 대회가 열리지. 겨울에도 온화한 기후 덕분에 푸른 잔디가 자랄 수 있고 야외 경기도 가능한 거야.

육지 사이를 흐르는 좁은 바다, 해협

바다에는 태평양이나 대서양처럼 드넓은 곳이 있는가 하면 육지와 육지 사이에 낀 좁은 곳도 있어. 육지 사이에 끼어 있는 좁고 긴 바다를 해협이라고 해. 해협은 두 바다를 잇는 통로이자 육지 사이의 최단 거리야. 해협의 크기는 천차만별이야. 칠레의 마젤란 해협은 가장 좁은 곳이 1~2㎞ 정도이고 베링 해협은 폭이 85㎞에 달해. 세계에서 가장 좁

••• 해협

은 해협은 일본 세토 내해의 도후치 해협이야. 이 해협에서 가장 좁은 곳은 10m가 되지 않아. 가장 넓은 해협은 남아메리카 대륙 최남단과 남극 대륙 사이의 드레이크 해협이야. 폭이 무려 650㎞나 되지.

해협은 군사 요충지나 무역을 위한 운송로, 문화가 오가는 길 등 다양한 통로 역할을 했어. 바다를 항해할 때 가장 짧은 거리로 다니려면 해협을 통과해야 해. 물류 이동이 많은 지역의 해협은 국제 운송로로 중요한 위치를 차지하지. 세계에서 가장 바쁜 바다로 불리는 말라카 해협이 그 대표적인 경우야.

말라카 해협은 말레이반도와 인도네시아의 수마트라섬 사이에 있는 길이 1,000㎞ 정도의 좁은 해협이야. 폭이 가장 좁은 곳은 3㎞가 채 되지 않지. 말라카 해협은 세계 최대의 석유 산지인 아라비아반도와 제조업 지대가 모여 있는 동아시아 사이에 있어. 우리나라를 비롯해 아시아의 주요 국가들이 수입한 석유가 이 해협을 지나가지. 해적이 나타나고 수심이 얕다는 단점이 있지만, 운송 기간을 줄일 수 있어서 많은 배가 이 해협을 지나가. 이곳이 막히면

전 세계의 경제에 큰 타격이 올 정도야.

지브롤터 해협은 유럽과 아프리카 사이 최단 거리이자 지중해에서 대서양으로 나가는 유일한 출구야. 유럽의 스페인과 아프리카의 모로코가 마주 보는 곳이지만 해협과 닿은 도시들은 다른 나라 영토야. 전략적으로 중요한 이곳을 차지하려고 여러 나라가 다툰 결과지. 유럽 국가들이 아프리카를 침략하는 데 발판이 되었던 모로코 북단의 세우타는 오늘날까지 스페인 영토로 남아 있어. 이와 달리 스페인 남단의 지브롤터는 영국령이야. 1830년에 영국이 식민지로 삼은 이후 현재까지 남아 있는 유럽 최후의 식민지야. 스페인에서는 영토를 돌려 달라고 요구하지만, 주민들은 영국령으로 남기를 원하고 있지.

도버 해협은 영국과 유럽 대륙 사이를 잇는 통로야. 빙하기에는 영국과 유럽 대륙이 이어져 있었는데 1만 년 전 빙하기가 끝나고 해수면이 높아지면서 도버 해협이 생겼어. 영국에서 유럽 대륙으로 가려면 비행기를 타거나 도버 해협에서 프랑스 칼레로 배를 타고 갔는데 1994년에 해협 터널을 개통해 고속 열차가 다니고 있어. 이 해협은 북해와 대서양을 잇는 안전한 통로여서 수많은 배가 지나다니고 있지.

그 밖에도 서남아시아에서 원유를 실은 배가 인도양으로 나올 때 통과해야 하는 호르무즈 해협, 뉴질랜드의 북 섬과 남 섬 사이에 있는 쿡 해협, 유라시아 대륙과 북미 대륙을 사이에 두고 북극해와 태평양을 잇는 베링 해협 등이 있어.

••• 도버 해협

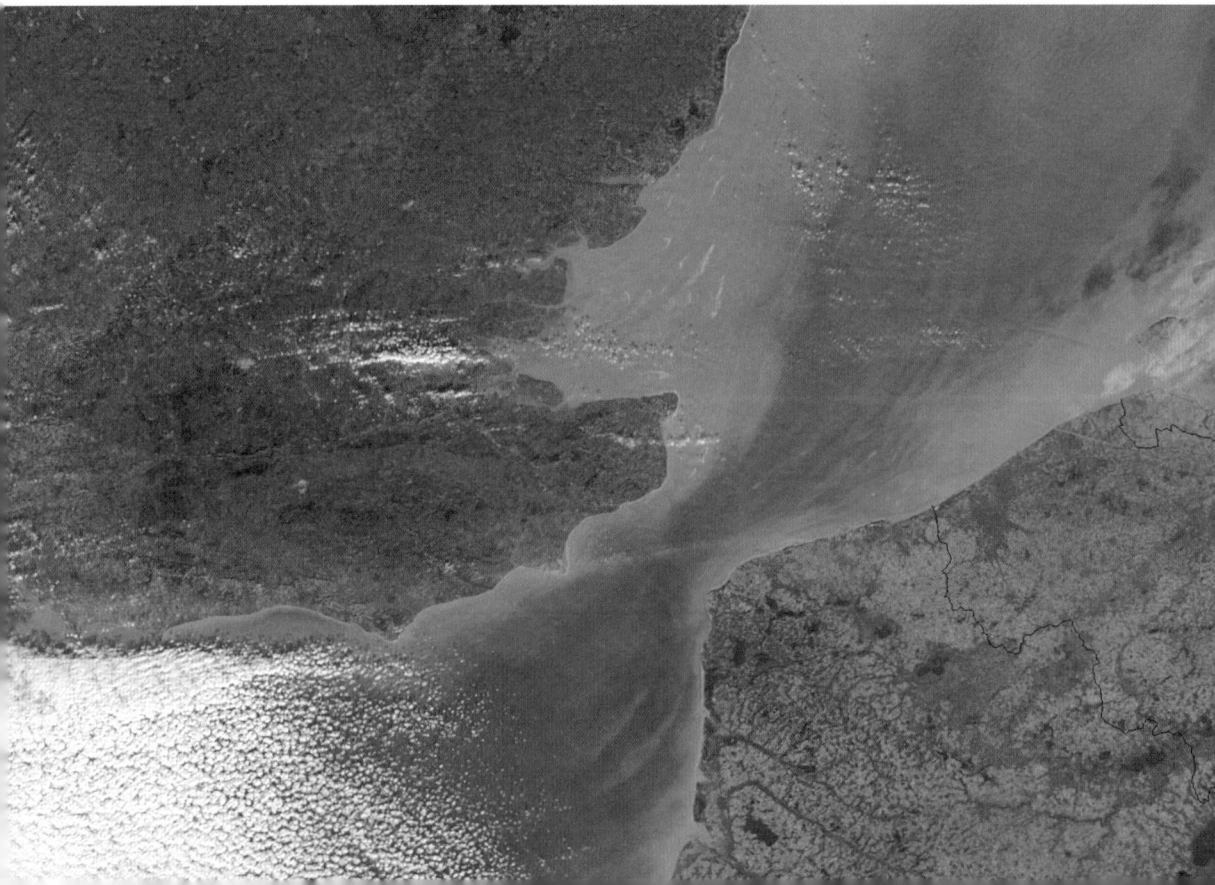

아시아와 유럽을 잇는
보스포루스 해협

　해협의 폭이 좁다면 다리를 놓아 바다를 건널 수 있어. 쉽게 우리나라의 강화 대교나 진도 대교 같은 곳을 생각하면 돼. 그런데 다리를 건너 다른 대륙으로 건너갈 수 있다면 어떨까? 터키의 보스포루스 해협이 바로 그런 곳이야. 이 해협을 사이에 두고 동쪽은 아시아, 서쪽은 유럽이야. 터키는 유럽과 아시아에 걸쳐 있는 나라이지.

　보스포루스 해협은 길이가 30㎞에 너비는 550~3,000m야. 해협 양쪽은 가파른 경사를 이루는 절벽이고 물살이 매우 거칠고 빨라. 보스포루스는 그리스 말로 소가 건너간 나루터를 뜻해. 암소로 변한 이오가 해협을 헤엄쳐 건넜다는 그리스 신화에서 유래한 이름이야.

　보스포루스 해협은 고대부터 흑해와 지중해를 잇는 수로로 군사적 요충지이자 국제 무역의 거점이었어. 오늘날에도 전략상 요충지임에는 변함이 없어. 흑해에 있는 러시아 해군은 터키에서 보스포루스 해협을 막아 버리면 지중해나 대서양으로 나아갈 수 없어. 우크라이나·루마니아·불가리아·조지아도 보스포루스 해협을 통과해야만 지중해로 나아갈 수 있지.

　해협의 남쪽 입구에는 터키의 최대 도시 이스탄불이 있어. 특이하게도 한 도시가 두 대륙에 걸쳐 있는데, 이스탄불의 역사를 보면 이 일대가 세계사에서 얼마나 중요한 무대였는지 짐작해 볼 수 있어. 이스탄불은 기원전 7세기에 비잔티움이라는 그리스의 식민 도시로 건설되었어. 기원후 330년, 로마 콘스탄티누스 황제가 비잔티움을 제국의 수도로 삼으면서 기독교 세계의 중심지가 되었고 콘스탄티노플로 불렸어. 395년 로마 제국이 동서로 분열된 뒤에는 동로마 제국의 수도가 되었고 476년 서로마 제국이 멸망한 뒤에도 명맥을 이어 갔어. 하지만 1453년에 오스만 제국의 술탄 메메드 2세에게 점령당하면서 이슬람 세계의 중심지로 바뀌었

어. 한 도시가 전혀 다른 두 제국의 수도 역할을 한 거야. 1923년에 터키 공화국이 건국되면서 수도를 앙카라로 옮겼지만, 이스탄불은 여전히 터키 최대의 도시야. 최대의 공업 도시이자 무역항이기도 하지.

이스탄불에는 그리스와 로마 시대부터 오스만 제국 시대에 이르기까지 긴 역사에 걸친 다양한 문화 유적들이 분포해 있어. 영국의 역사가 토인비는 이스탄불을 살아 있는 인류 문명의 야외 박물관이라고 했지.

터키는 역사를 봐도 그렇고 정치와 문화 역시 유럽 쪽에 더 가까워. 그런데 터키 국토에서 유럽에 속하는 부분은 3% 정도에 불과해. 국민의 80%를 차지하는 터키족은 아시아 계통인 데다 90%가 이슬람 신자라는 점도 유럽과 달라. 하지만 이슬람 방식이 겉으로 별로 드러나지 않는데 터키 공화국이 건국될 때 철저하게 정치와 종교를 분리했기 때문이야. 다른 이슬람 지역과 달리 터키에서는 여성들이 히잡을 두르지 않지. 터키 사람들 스스로는 유럽에 속한다고 생각해. 그래서 유럽 연합에 가입하려고 하지만, 기존의 회원국들은 종교와 문화가 많이 다르다며 부정적인 입장이야.

••• 이스탄불

바다는 태풍의 고향

　　태풍은 거센 바람과 폭우를 쏟아부으며 큰 피해를 입히곤 해. 화산이나 지진 같은 자연 재해가 없는 우리나라에서도 태풍 피해는 종종 생기지. 태풍은 열대 바다에서 시작돼. 해수면의 온도가 높으면 많은 수증기가 증발하고 상승한 이 수증기들이 차가워져서 구름이 돼. 저기압이 만들어지는 건데, 이곳으로 주변에서 바람이 불어 들어가. 그러다 구름 덩어리에서 소용돌이가 생기면 빠르게 회전하며 이동해. 이 소용돌이는 열대 바다의 따뜻한 수증기를 더 강하게 빨아들이고 이 수증기가 주는 에너지로 점점 커져. 이렇게 만들어진 열대성 저기압을 태풍이라고 하지. 태풍은 강한 바람과 함께

많은 비를 뿌려. 중심 기압이 낮을수록 태풍의 힘은 더 강력해.

태풍은 북위 5~30° 사이의 열대 해상에서 바닷물 온도가 27℃가 넘을 때 생겨. 태풍은 1년에 스물여덟 개 정도 생기는데 그 진로를 예측하기가 어려워. 지그재그로 움직이는가 하면 제자리에 멈춰 있기도 하고 고리 모양으로 휘어지기도 해. 태풍은 육지나 차가운 바다를 지나면서 사라져. 태풍의 에너지는 따뜻한 바다에서 증발되는 수증기에서 얻는데 차가운 바다에서는 수증기를 얻을 수 없어. 육지에서는 수증기를 받지 못하는 데다 지형지물과 부딪치며 에너지를 잃으면서 빠른 속도로 약해지지.

태풍에는 제비·매미·볼라벤 같은 이름이 붙어 있어. 여러 개가 동시에 생기면 혼란스러워서 이렇게 이름을 붙여 구분해. 태풍의 영향을 받는 아시아 열네 개 나라에서 열 개씩 이름을 제출한 뒤 순서대로 붙이고 있어. 모두 사용하면 다시 처음부터 이름을 붙이지. 큰 피해를 입힌 태풍은 이름을 바꿀 수 있어.

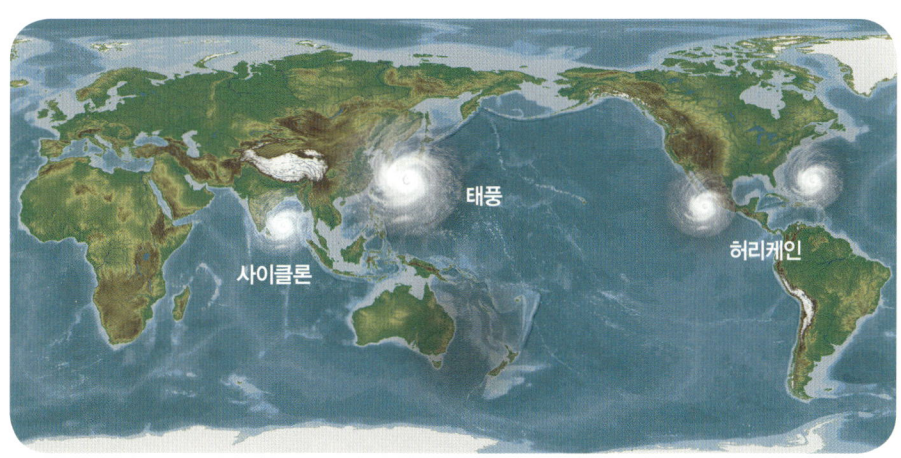

••• 열대성 저기압은 발생한 지점에 따라 다른 이름으로 불린다.

태풍이 육지에 상륙하면 큰 피해를 일으켜. 엄청난 비를 뿌려서 홍수와 산사태를 부르고 바람까지 더해지면 집과 축대 같은 것들이 무너져. 또 자동차가 뒤집어지고 전신주가 부서지는 등 피해가 어마어마하지. 바닷가에서는 해일이 일어나 낮은 지대를 덮치거나 항구에 있는 배들과 각종 시설물을 부수기도 해. 이렇게 엄청난 피해를 일으키는 태풍이지만 긍정적인 면도 있어. 태풍은 열대 바다에 집중된 열을 분산시켜 줘. 또 물 부족으로 고생하던 곳에는 비를 뿌려 주지. 바닷물을 뒤섞어 오염된 바다를 깨끗하게 하고 적조 현상을 해결해 주기도 해. 한바탕 바닷물을 뒤섞어 바다 생태계에 활기를 불어넣는 거야.

••• 태풍의 피해

태풍이 지나는 길목에 있는 필리핀

우리나라는 태풍이 한 해에 두세 개 정도 지나가고 태풍이 없는 해도 있어. 이와 달리 필리핀처럼 1년 내내 태풍 피해를 입는 곳도 있어. 특히 필리핀에는 해마다 초대형 태풍이 지나가 피해가 이만저만한 게 아니야. 그렇다면 필리핀에는 왜 태풍이 자주 부는 걸까?

태풍은 수온이 높은 곳에서 잘 생기고 규모도 커지는데 그 조건에 맞는 해역이 필리핀 가까이에 있어서야. 북서 태평양의 필리핀 동부와 괌 사이 해역은 해수 온도가 평균 27~30℃ 이상을 유지해. 이곳을 웜 풀이라고 해. 지구에서 가장 뜨거운 바다라 지구의 보일러라고 불리는 곳이야. 더운 바닷물이 공기를 상승시켜서 웜 풀 주변에서는 폭우와 태풍이 자주 생기지. 특히 바닷물의 온도가 가장 높

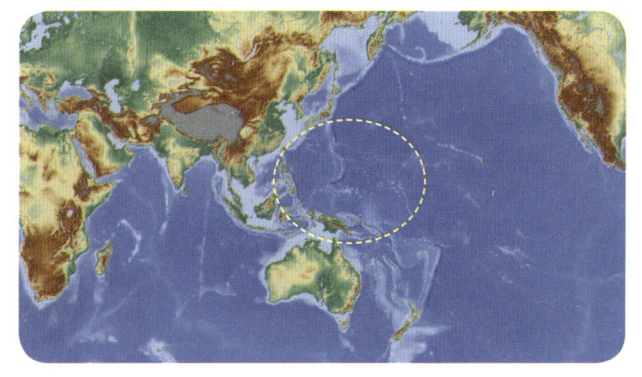

아지는 11~12월에 강력한 태풍이 생겨. 태풍은 저위도에서는 북동 무역풍의 영향을 받아 북서쪽으로 기울어지고 중위도에서는 편서풍의 영향으로 북동쪽으로 휘어져. 필리핀은 웜 풀의 북서쪽에 있어서 늘 태풍이 지나가. 말 그대로 태풍의 길목에 있는 셈이야.

필리핀 근처 해역은 왜 유난히 수온이 높을까? 대서양은 북극해나 남극과 상대적으로 넓게 트여 있어서 해류가 흐르면서 찬 기운과 섞일 수 있어. 남태평양은 차가운 남극 바다의 영

6. 지구를 덮고 있는 거대한 바다　199

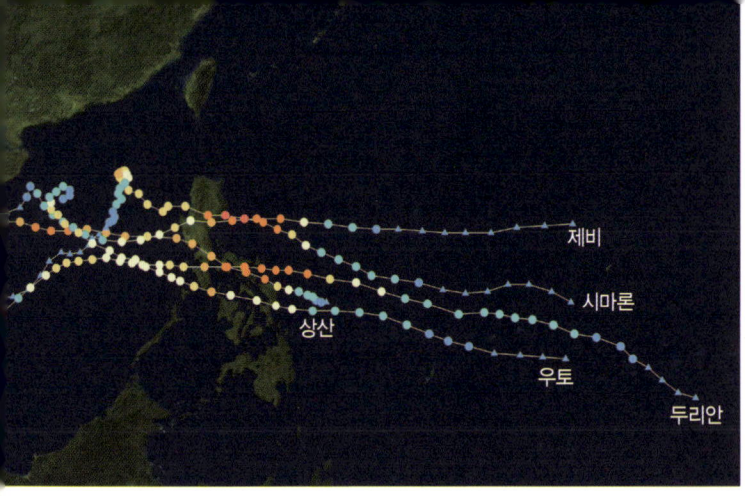

••• 필리핀을 지나는 태풍 경로

향을 받지. 하지만 북서 태평양은 시베리아와 알래스카에 막혀 북극해와 섞이기 어려우니까 수온이 높아지게 돼. 이렇게 수온이 높아진 바닷물이 필리핀과 괌 사이 지역으로 몰려 웜 풀이 형성된 거야.

필리핀이라는 이름의 유래

16세기 세계 일주를 하다 필리핀에 상륙한 마젤란은 그 땅을 스페인의 영토라고 선언했어. 당시에 유럽 사람들은 전 세계를 항해하고 다니면서 낯선 땅을 발견하면 자기네 영토라고 주장하곤 했지. 마젤란은 유럽 사람들에게는 세계 일주에 나선 모험가였지만 필리핀 사람들에게는 낯선 침략자였을 뿐이야. 그는 원주민들과의 전투에서 살해되었어. 이 싸움을 이끈 라푸라푸 추장은 침략자를 물리친 영웅으로 추앙받고 있지. 하지만 필리핀은 결국 스페인의 식민지가 되고 말았어. 필리핀이라는 나라 이름도 스페인의 국왕 펠리페 2세에서 따온 거야. 필리핀은 1898년 미국과 스페인의 전쟁 뒤에 미국의 식민지가 되었어. 1943년부터는 일본에게 지배를 받다가 1946년에 독립했지.

••• 페르디난드 마젤란

지구, 어디까지 가 봤니? 눈동음이 세계 지리 여행

지구, 어디까지 가 봤니? 방방곡곡 세계 지리 여행

지구, 어디까지 가 봤니? 방방곡곡 세계 지리 여행